西安媒介生态发展研究报告

（2021）

Xi'an Media Ecological
Development Research Report
（2021）

张楠　王洋　主编

中国国际广播出版社

编委会

目 录
CONTENTS

主报告

传播活动与治理

区域形象与塑造

城市文化与传播

主报告

西安媒介生态发展研究报告（2021）

西安媒介生态研究课题组[*]

西安媒介生态研究课题组[*]

引言

在 2020 年这个特殊的年份里，课题组根据传播活动的实际情况，在前期研究的基础上，更加聚焦媒介生态中公共传播及重点媒体的相关活动，进一步开展城市媒介生态的综合研究。其主要原因是，公共传播在城市媒介生态系统的所有信息传播活动中居于主要地位，公共传播中的信息和内容与广大人民群众的切身利益和城市经济社会发展密切联系、息息相关。

公共传播活动中的机构主体主流媒体和政务新媒体，居于公共传播活动的核心位置，承担着重要的信息生产、扩散和影响功能。对于整个社会而言，担负公共传播主体责任的传播机构承担着重要的社会责任，特别是

————————

　* 课题负责人：张楠，西安市社会科学院政府治理与信息传播研究所所长，陕西师范大学在读博士，研究方向为信息安全与媒介治理。课题组成员：李莹，西安市社会科学院助理研究员，研究方向为传播学；韩紫微，西安公共价值传播中心研究助理，研究方向为文化传播。

社会面临公共危机时，公共传播就成为应对化解危机的最有效的信息传播活动。在新冠肺炎疫情最为严重的阶段，以主流媒体和政府新媒体为主的媒体矩阵，在稳定社会情绪、提供解决途径、收集反馈消息等方面，起到了社会压舱石和稳定器的作用，成为抗击疫情、防治疫情、及时复工复产工作宣传的"主力军"。为此，我们在公共传播活动中将其作为媒介生态研究重要的对象和观察客体，具有更加现实的意义。

一、媒介生态中的公共传播

（一）公共传播的重要意义

通常来说，"公共传播"（Public Communication）是指政府、企业及其他各类组织通过各种方式与公众进行信息传输和意见交流的过程，这个定义强调了传播者是各种社会组织，而受众则是与之联系、为之服务的公众，并突出了传播过程中各种传播方式的运用。简单地说，公共传播活动能够使人们自由地获取信息、提出观点、参与公共讨论、传播知识、保护自己的文化特性并分享公共文化，为整个社会发展提供良好的舆论环境，为形成社会共识、筑牢社会思想奠定基础。

公共传播不是单指一种具体的传播方式，是一个社会中整体性、全局性的传播活动。与人际传播、群体传播、组织传播、大众传播不同的是，公共传播直接面对的是公众。通常而言，公众是"纯粹精神上的集体，由分散的个体组成，他们没有身体上的接触，他们的组合完全是精神关系上的组合"。他们的纽带"存在于他们同步的信念或激情之中"。在实际中，公众传播需要通过大众传播等具体的传播方式呈现出来。这其中包含了传播活动的各种形态，它的目标和范围以及作用是清晰的、直接的。

随着媒介通信技术的发展和深化，公共传播也有了新的内涵和意指。

特别是在当今国际局势出现重大变化，贸易保护主义、孤立主义、极端民族主义等逆全球化发展因素抬头，在国内信息传播领域也存在着历史虚无主义、享乐主义、消费主义、利己主义等错误的价值观。"十四五"时期是我国发展的新阶段，是实现新的更大发展的关键时期，因此更需要统筹国内、国外两个大局，做好媒介生态的治理工作。要针对传播环境的内外发展特点，从信息传播的整体出发，进行系统的思考，从信息安全、文化安全的角度进行总体、全面的思考和应对。要从传播的主要领域出发：在公共传播领域，做好信息传播的价值研判和风险危机预案；重点媒体领域，提出新的要求和任务，做到传播广泛、群众喜爱、宣传有力、引导有方。只有这样，才能确保整个媒介生态的健康发展、繁荣有序。

一般认为，公共传播活动中的内容为公共信息，主要包括与公共利益有关的信息及对这些信息的意见和态度。比如有关权利分配、城市建设的新闻及对这些新闻的评论等，而不是个人隐私、个人事务和公司事务的信息。这个信息的范畴中既包含着个体意见，也包括了公众舆论，实际上反映的是社会主流价值观对社会事务的基本判断和公共表达。从另一角度来说，公共传播中的相关信息，作为公共物品的公共信息资源具有共享性，实际上是指公共信息资源的价值在于满足公众需要，其目的在于促进公共利益。公共利益是符合"大家的利益"，它要求我们应该拥有一套这样的媒介运作体系，即"它遵循管理社会其他部分时所应用的体系，尤其是和正义、公平、民主以及当前值得向往的社会与文化价值观念相关原则"。

我们在媒介生态研究中关注公共传播活动是为了"探寻公众如何接近并使用媒体，公共信息和知识应该如何传播和扩散的问题"。

（二）公共危机中的媒介生态

突如其来的新冠肺炎疫情造成了人类的一场巨大危机，与历史上历次疫情的时代背景不同。我们所处的是一个全球化与和平发展的时代。如果借用 19 世纪英国著名文学家狄更斯的话说，"这是最好的时代，也是最坏的时代"。在今天的信息社会中，便捷的交通和信息传播给人类带来巨大红利的同时也带来了巨大的风险，其中最大的风险就是人类自身的脆弱性更强，既是结构性的也是随机性的。

现代科技将人类社会打造成前所未有的共同体，"你中有我，我中有你"正在或已经成为新常态，最为直接的结果就是，"一个喷嚏，传染全体""一荣俱荣，一损俱损"，没有人能够置身事外，也没有国家和地区能够独善其身。一国发生重大危机可能导致整个地区乃至全球危机。新冠肺炎疫情从一个公共卫生危机衍生为全球政治、经济乃至社会方面的次生灾害，其冲击和影响巨大。

当前，新冠肺炎疫情并没有完全消退，形势依然不容松懈。从疫情发展和影响的情况看，在全球性的经济衰退中，如何有效地复苏，减少文化的误读、有效增进彼此的沟通和交流是未来全球经济体共同面临的课题。从这个意义上讲，科技发达的今天以及全球化的时代，人类承受打击的能力不是更强而是更弱了。

对于一座城市而言，新冠肺炎疫情所带来的影响也是多方面和多层次的，既有最基础的公共卫生方面的困难，也有社会治理、经济发展、生产就业等诸多方面的问题与挑战。疫情之于一座城市，是一场公共危机，对于城市的媒介生态而言，是一场异常严肃的"大考"。既考城市的硬件基础，比如物资储备、应急方案以及组织协调等方面，也考城市的软实力，比如精神风貌和价值传递等方面。而这些信息，都可以通过对城市媒介生态的观察，进行有效的切入和分析研究。

2020年伊始，新冠肺炎疫情以猝不及防之势从湖北蔓延至全国。疫情就是命令，防控就是责任，同心战"疫"，共克时艰，一场关乎人民生命健康的疫情防控人民战争、阻击战、总体战瞬间打响。主流媒体在抗击新冠肺炎疫情的过程中，主动抢占舆论制高点，占领宣传主阵地，充分发挥主流媒体的作用，为全国有力抗击疫情和助力复工复产营造了良好的舆论氛围。

新冠肺炎疫情暴发以来，公共危机再次进入社会的视野。赵志立在

《危机传播概论》中指出，危机是一种能够给社会的安定与和谐带来巨大威胁而具有不确定性，且必须在短时间内对其作出关键决策的突发性事件。史安斌将危机传播定义为："在危机前后及其发生过程中，在政府部门、组织、媒体、公众之内和彼此之间的信息交流过程。"在自媒体时代，人人都可以成为信息的发布者、传播者，传播门槛的降低，催生了大批的自媒体人。网络空间的特殊性最为核心地体现在信息传播渠道的立体化与全息态。网络空间的虚拟化对舆论引导和信息管理者提出了新的考验。各种社交软件、门户网站、电子邮件、即时的办公工具、短视频等方式层出不穷，公共危机治理所面临的信息流、态度流以及与此相伴的行动选择等均出现了新趋势、新特征。网络背景下的公共危机所表现出的突发性与紧急性、不确定性与易变性、快速性与不可控性、危害性与破坏性等特征更为明显，对经济社会的可持续发展和秩序稳定产生了深刻的影响。

对于公共危机的治理模式，从国家处置南方雪灾、汶川大地震等事件中可窥一斑，相应的应急体制和措施具有突出的效率优势。相较于2003年"非典"（SARS）的暴发，在2020年新冠肺炎疫情中，主流媒体对于突发性公共危机处理的及时性和准确性充分彰显了媒体的责任担当，一方面得益于整个社会综合素养的提升，另一方面也在于党领导下的新闻媒体在应对突发性公共危机时具备的天然优势。

（三）做好公共危机的价值引导和舆论监督

在公共危机面前，各种渠道的信息掺杂在一起，很容易挑动公众的敏感情绪。在网络自媒体面前，人人都有麦克风。信息中有各种声音，也有意识形态领域的激烈博弈。基于这样的时代背景，不断落实媒体社会责任、坚持正面报道、积极引导社会舆论、创新媒体落实社会责任渠道已经成为媒体行业发展的必然选择。媒体作为社会责任的承担者，担负着引导社会舆论的作用，新媒体时代，媒体要充分发挥其本身的这种作用，积极倡导社会主义核心价值观，引导大众科学的价值取向，做好"把关人"，对社会进行舆论监督。

新冠肺炎疫情暴发后，湖北的本地媒体自觉主动地肩负起社会责任。2020 年 1 月 21 日，湖北广播电视台党委紧急召开会议，全面启动疫情防控应急报道机制，成立应急报道指挥部，安排部署疫情防控宣传报道工作。2020 年 1 月 23 日，湖北卫视推出特别节目《众志成城抗疫情》，每天中午 12：00—12：30 播出，每晚《湖北新闻》提前到 18：00，时长扩充到 1 小时，《长江新闻号》时长 30 分钟，全程关注报道疫情。湖北广播电视台公共·新闻频道、湖北经视、湖北电视综合频道等主要电视频道，湖北之声、湖北交通广播等主要广播频率并机直播，长江云同步网络直播。

2020 年 1 月 25 日后，湖北广播电视台进一步加大舆情报道力度。公共·新闻频道全天不间断直播抗击疫情相关报道。

此次疫情报道中，湖北广播电视台先后投入 800 多名采编播人员实施疫情和舆情"两面作战"，传统媒体和新媒体共同发力，坚持长江云首发、各频道资源共享，宣传新冠肺炎疫情防控的重要举措和感人事迹，发布权威信息，传播防控科普知识及服务信息，引领舆论、鼓舞士气、增强信心。

面对重大突发的公共卫生事件的报道，主流媒体坚守正确的政治立场，在党的带领下始终坚守媒体的职责不越位，坚持正面宣传不添乱，坚持科学传播不乱讲，坚持不利用主流媒体的公信力发表个人言论。持续深化新闻体制改革，推进传统媒体与新媒体融合发展，积极利用大数据、人工智能等算法，精心策划、制作形式多样的新媒体产品。占领舆论制高点，让党和政府所做的决策和部署为广大群众及时知晓、理解。

（四）专业媒体在公共危机中的科学把关

在新冠肺炎疫情肆虐期间，每天变动的疫情相关信息成为人们关注的焦点，每一位置身其中的公众都处在极大的公共卫生和生命健康风险的焦虑当中。

在移动互联网时代，健康信息良莠不齐，"伪科学""伪养生"，甚至虚假错误的知识甚嚣尘上，让广大人民群众真假难辨。向群众传播科学实用的健康信息是专业媒体的应尽之职。融媒体时代，健康传播应持续推进媒体融合的思路，坚持移动优先，灵活运用多种新媒体传播方式，最大限度地覆盖受众人群，让健康知识传播到千家万户，让广大人民群众从中获益。

特别在谣言止息的过程中，相关专业自媒体也发挥着重要作用。比如，"丁香医生"微信公众号设置了辟谣区，每天实时更新，对谣言和不实信息进行辟谣，帮助广大受众快速了解、分辨关于新冠肺炎病毒的"事实"和"传言"，由于都是专业的医疗工作者撰写的辟谣文章，达到了预期的传播效果。

与2003年"非典"疫情相比，新冠肺炎疫情所处的媒介生态发生了巨大的变化，移动互联网更迭迅速，微信、微博等社交属性的互联网新媒体成为社会信息传播的主体。这也意味着谣言传播的渠道更加丰富，借助微博、微信、短视频等多种网络渠道，还能够交叉接力，相互关联和互动，导致网络舆论格局更加难以把控。新媒体在其专业领域的信息传播中具有重要的地位和作用，这是"大而全"的传播机构所不具备的传播优势。

从此次疫情期间的传播情况看，没有出现谣言泛滥，影响防疫稳定的乱象，这与专业自媒体的贡献有很大的关系，特别是由《人民日报》新闻媒体与"丁香医生"联合发布的疫情信息，一方面扩大了专业媒体的受众群体，用科学的、理性的分析帮助人们正确认识病毒、防御病毒，另一方面由于专业媒体的加入，为主流媒体的科学报道，增加了专业度、可信度，获得了"1+1>2"的良好效果。从媒介生态的发展角度看，这种"大媒体"与"小媒体"的有机融合，也是未来媒体融合的重要趋势。

技术的创新发展对新媒体行业产生持续不断的影响。今天，以数字、网络、移动和社交为特征的新技术日益深入新闻生产、新闻实践和组织的创新活动中。新技术的引入使得新闻从业者能更有效地按其专业理念行事、扮演其公共生活中的角色。在技术的驱动下，新媒体履行社会责任面临着新场景，具体表现为技术应用引起责任主体变化、智能技术变革社会责任实践范式、网络视频用户原创内容（UGC）兴起增加社会责任监管难度等。自媒体网络平台的兴起引发了新媒体社会责任履行的新局面。新媒体技术的发展让内容生产制作更为便捷，无论是政府、企事业机构、社会组织还是个人，都可以借助各类终端迅速制作信息并及时进行传播，直接介入社会生活，从而成为新媒体社会责任的主体。

网络信息化高度发展对于复杂化公共危机的演化特征起到了至关重要的作用。显然，这与非网络时代政府公共危机治理的治理环境、治理结构、治理资源乃至治理绩效认知之间都存在着显著的差异。复杂演化的网络场域和公共传播活动需要创新信息传播和舆情引导的治理机制，互联网是技术支持，信息传播是活动业态，互联网传播改变不了信息传播的根本属性，不能允许互联网以新媒体平台取代社会主流媒体，逃避同等的社会责任与相应的业务指导监管。要开拓互联网思维，巧妙利用各种媒介的特性，加强监管职能，加强对健康传播类自媒体的资质审核，建立起一套科学的、健康的传播体系。

二、2020 年西安城市媒介生态指数

（一）媒介生态指数的选取与构成

1. 传播力指数

传播力指数包括传统媒体中的报纸、广播和电视三种形式以及新媒体中的网站、微信公众号以及微博三种形式。其中在传统媒体中，报纸的传播力主要通过发行量来反映，电台、电视台的传播力主要通过收听率、收视率来衡量。在网络媒介中主要针对新闻网站、微信公众号以及微博的访问点击量、订阅数（粉丝数）来确定基本的传播规模和范围。综合这两个类型的媒体数据，进行基本的数据处理和加权分析后，把

它作为描述、呈现一个地区或城市传播力的集中反映。传播力指数的公式为：

$$传播力指数 = 媒介覆盖人群 / 城市常住人口数$$

2. 影响力指数

以互联网和计算机为基础的新媒体，可以方便地对相关外部数据进行收集和统计，进而从一个侧面反映出信息影响力的相关程度。比如微信公众号中的"在看"，微博中的点赞、转发以及评论。这些外部数据能够基本反映受众的情绪和偏好程度。参考六度分离理论对传统媒体的影响力指数进行估算。公式为：

$$影响力指数 = 影响力算数平均值 / 传播力算数平均值$$

（二）传播力与影响力测量和分析

1. 政务新媒体情况

2019 年，人民网发布了《2018 年度人民日报政务指数·微博影响力报告》（简称《报告》）。《报告》指出，2018 年政务微博的总阅读量超过3890 亿，在政务公开、政民互动、政务服务、规范运营方面均有明显表现，实现了从发布到问政再到行政的综合价值升级，并继续在政务新媒体矩阵中发挥核心作用。

2020 年，我国的政务新媒体覆盖率已经达到 90%，其发展趋势呈现普及化和全面化。

政务新媒体的出现和发展，是党政部门在管理方面进行形式创新的需求和体现，符合人民群众对于党政·政务和新媒体结合的需求及期望。建立和发展政务新媒体，有助于各级党政机关更加有效地展开宣传思想工作、实行政务信息公布、为人民群众提供服务、主动接受人民的监督以及优化和改善工作。此外，政务新媒体还是党政机关对社会舆情进行正确引导的重要途径之一。一项公共政策自出台后，能否得到有效的执行，常常取决于很多因素。其中，政务新媒体的传播效果和执行力对于公共政策、公共事务的落地执行起到了决定性作用。及时有效地传播公共政策，必须有比较健全、完善的传播机制。

截止到 2020 年，西安市政府系统正常运行各类政务新媒体共 576 个。其中，市级部门政务新媒体 189 个，区县政府政务新媒体 243 个，开发区管委会政务新媒体 144 个。按新媒体不同的平台类型划分，微信公众号平台有 319 个，新浪微博平台有 143 个，独立安装移动客户端 5 个，以及其他类 109 个。

根据有关信息显示，2020 年 10 月 13 日至 11 月 17 日，西安市对包括纳入全市监管的 63 个政府网站和西咸新区管委会监管的 7 个网站在内的 70 个政府网站进行了 3 轮全面检查，并组织开展了政府网站与政府系统政务新媒体内容管理专项整治活动。通过检查，发现存在的问题主要有栏目更新不及时、空白栏目、服务不实用、特定名称或专属用语描述错误、相关内容引用不规范等。

政务新媒体的传播力日渐重要，是媒介生态分析中不可忽略的一环。因此，相较于 2019 年的媒介指数研究分析，2020 年将对西安市政务新媒体的传播现状另辟章节，单独进行分析研判。

（1）西安地区政务微信号。

截止到 2020 年，西安市政府部门开通的政务微信号有：西安发布、西安体育宣传、西安公安、西安市场监管、西安市审计局、西安税务、西安住房公积金管理中心、西安市人力资源和社会保障局、西安卫生、西安城市管理订阅号、西安旅游智慧服务平台、西安工业、西安生态环境、西安市教育局公众号、创新西安。根据清博大数据统计，传播力靠前的有西安发布、西安公安、西安市人力资源和社会保障局、西安生态环境。按照随机抽取日期累计计算，西安政务微信号的平均活跃粉丝数为 6.4 万人。

（2）西安政务微博号。

截止到 2020 年，西安市政府部门开通的政务微博号有：西安发布、西安住房公积金管理中心、西安公安、西安民政、西安人社、西安市城市管理和综合执法局、西安税务、西安大交通发布、西安科技、西安农业农村、西安卫生健康、西安统计、西安生态环境、西安市工信局、法治西安、西安防震减灾、西安应急管理、西安发展改革、机遇西安。

在西安市官方微博号的排名中，西安市公安局的官方微博号（"西安公安"）传播力最广，达到 1 930 201 的粉丝量，排名最末的是"西安市工信局"，仅有 301 个粉丝。从图 1 中可以看出，西安市政务微博号的粉丝量两极化严重，呈现断崖式下跌的情况。经统计，西安地区政务微博账号的平均粉丝数约为 21 万人。综合微信公众号和微博榜单后，政务新媒体的传播范围大概是 27.4 万人。

2. 主流媒体情况

（1）主流媒体微信号。

根据统计，截止到 2020 年西安市主流媒体微信号有 9 家，分别为华商报、西部网、西安晚报、西安新闻广播、陕西广播电视台、西安网、三秦都市报、陕西日报、西安日报，如图 1 所示。

根据图 1 可以看出，华商报的粉丝量最多，其次是西安晚报。经统计，西安地区主流媒体公众微信号的活跃粉丝平均数为 6 万人。

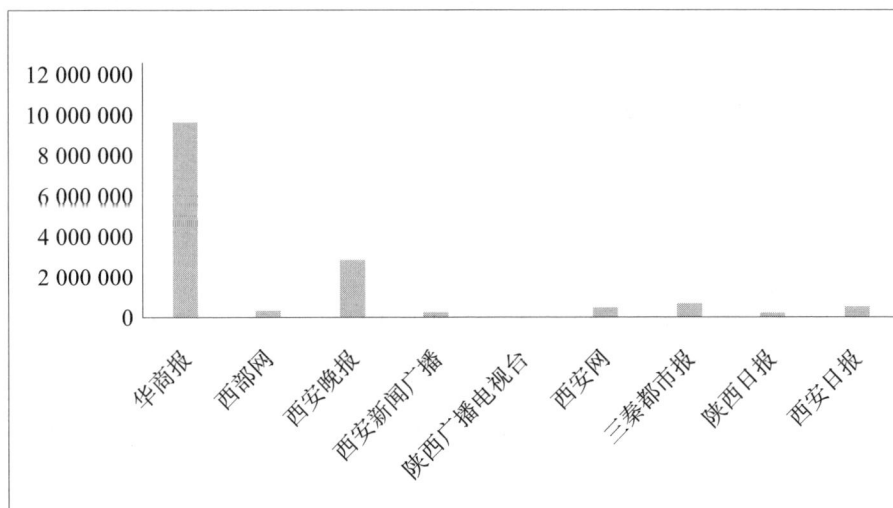

▲ 图 1　西安地区主流媒体公众微信号粉丝数量

（2）主流媒体微博号。

根据新浪搜索平台显示，截止到 2020 年，注册地区为"西安"的报纸媒体微博账号有 9 个，分别是华商报、西部网、西安晚报、陕西广播电视台、西安网、三秦都市报、陕西日报、西安日报、西安广播电视台。根据统计，粉丝量排名见表 1。

表 1 西安地区报纸媒体微博账号粉丝量排名

排名	微博号	认证机构	粉丝量（万人）	微博数（万）
1	华商报 *	华商报	1061	13
2	西安晚报	西安晚报	645	13
3	西部网	西部网	179	17
4	三秦都市报	三秦都市报	107	7
5	西安日报	西安日报	68	8
6	陕西日报	陕西日报	56	5
7	西安广播电视台	西安广播电视台	34	10
8	陕西广播电视台	陕西广播电视台	26	2
9	西安网	西安网	16	10

*《华商报》不是严格意义的地方主流媒体，2020 年 9 月，其被曲江金控收购后，成为准主流媒体。此外，作为地方发行量最大的纸质媒体，拥有较为广泛的受众，为此将其官方微博粉丝量列入统计，也具有一定的代表意义。

根据连续 10 个月的累计统计，9 个主流媒体微博账号的平均粉丝量为 230 万人。综合微信公众号和微博榜单数据后，主流媒体的新媒体传播范围大概为 236 万人。

（3）主流传统媒体。

在传统媒体方面，研究者选取了《陕西日报》《西安日报》《三秦都市报》《西安晚报》以及《华商报》作为报纸类别的代表，广播以西安广播电视台的五个专业频率为研究对象，电视以西安广播电视台的七个频道为研究对象。根据发行量、收听率以及收视率，结合广告市场投放指标为参考，进行算术处理和预估，其大致的传播范围见表 2。

表2 西安地区主流传统媒体传播范围排名

媒体类别		发行量、收听率以及收视率
西安地区报纸	《陕西日报》	22 万 × 60%（估）[1]
	《西安日报》	36 万 [2]
	《三秦都市报》	42 万 × 68%[3]
	《西安晚报》	36 万 [4]
	《华商报》	60 万 × 70%[5]
西安地区广播（五个频率）		2.5%（平均估值）[6]
西安地区电视（七个频道）		0.033%（平均估值）[7]

注：1. 根据《陕西日报》官方网站介绍以及《三秦都市报》官方网发行量分布介绍，进行的合理推算。

2. 数据摘自西安报业集团官方网站。

3. 来自《三秦都市报》官方网发行量分布介绍。

4. 参考《西安晚报》官方数据。

5. 参考《华商报》官方广告投放介绍资料。

6. 根据广播收听率专业统计机构赛立信相关统计进行合理估算。

7. 根据索福瑞和欢网公司数据工具：CSM-huan 实时数据平台的阶段数据，选取收视率上限和下限，取平均数进行合理估算。

（三）城市公共传播媒介生态指数

1. 传播力指数统计

根据统计，获得西安地区传播力指数的相关情况，其中：

传统媒体传播力：56.96 万人

新媒体传播力：263.4 万人

综合传播力：320.36 万人

根据《西安市 2019 年国民经济和社会发展统计公报》显示，年末全市常住人口 1 020.35 万人。按照抽样时间段数据分析结果，代入传播力指数公式可知西安地区媒介生态中的政务新媒体和主流媒体传播力指数为（样本时间段内）：

传播力指数（Communication Index）=31.4

即 2019 年，西安地区政务新媒体和主流媒体的媒介讯息覆盖了本地超三分之一的常住人口。

2. 影响力指数统计

根据综合新媒体影响力和传统媒体影响力，可以计算出西安地区政务新媒体和主流媒体总影响力为 342 万人次。

根据抽样时间段数据分析结果，代入影响力指数公式可知其媒介生态的影响力指数为（样本时间段内）：

影响力指数（Influence Index）=106

这一指数反映出，在西安地区政务新媒体和主流媒体的影响力较好，影响力较大。

3. 媒介生态指数统计

按照媒介生态指数的统计公式，可以得出西安地区政务新媒体和主流媒体的媒介生态指数（样本范围内）：

媒介生态指数（MEI）=31.4+106=137.4

2019 年，西安地区综合榜单的新媒体平均粉丝数为 830.5 万人，其中"暴走大事件""暴走漫画"等商业营销号通过微信、微博的市场化运作，对社会民生、热点事件进行搞笑搞怪、反讽自嘲式的表达，吸引了大量的粉丝，扩大了受众群体。然而，从此类账号微信的"在看"、微博的"转评赞"来看，新媒体的影响力仅有 1 532.4 人次。这也意味着 2019 年西安地区新媒体呈现出粗放式发展。

相比之下，2020 年西安地区的媒介生态呈现出"去虚火 稳增长"的提质增效的发展特征。受疫情的影响，传统媒体的发展受阻，《华商报》《西安晚报》纷纷调低了纸媒的发行量。经过统计，全年西安地区主流媒体和政务新媒体的平均粉丝数为 263.4 万人。综合传播力为 320.36 万人，传播力指数为 31.4。但是，影响力指数为 106，远高于 2019 年的影响力指数 39。这意味着，2020 年西安地区主流媒体和政务新媒体每发出 1 条信息，就对 3 个相关人产生了影响效果。

在主流媒体中，《西安日报》《西安晚报》和"西安网"的传播力和影响力在新闻媒体中排名靠前。其中，《华商报》的表现最为突出，微信的平均粉丝量达到近 36 万人，平均每条信息的"在看量"达到 587 次。微博的平均粉丝量达到 1 071.1 万人，每条信息的平均互动次数达到 4863 次。

在政务新媒体中，"西安发布"依然是传播力和影响力最高的媒体。微信的平均粉丝量达到 20.3 万人，平均"在看量"达到 366 次。微博的平均粉丝量达到 131.9 万人，平均互动次数达到 1699 次。其次，"西安公安""西安生态环境"的影响力也稳步增高。值得一提的是，在疫情最严重的 2—5 月（2020 年），"西安卫生健康"的关注度急剧上升，粉丝量达到 7131 人。这也体现出在公共危机事件爆发时，官方媒体及时发声，可以有效杜绝谣言和流言造成的社会恐慌，在可信度和权威性上，以商业逻辑出发的自媒体是不可与之同日而语的。

相比 2019 年西安地区媒介生态指数而言，这个局部的媒介指数高出了 7%。西安地区政务新媒体和主流媒体的影响力指数达到 106，远远高于 2019 年西安地区综合影响力指数的 21，这其中有重要的社会原因，主要是在 2020 年的新冠肺炎疫情，各类政务新媒体战"疫"不停，城市主流媒体和政务新媒体尽职尽责通报最新情况、发布防控政策、宣传科普知识、还原事件真相，各级各地政务新媒体在疫情期间不仅是"发布墙"、传播人，还是"扩音器"、服务者。他们加大发布权威信息的频次，及时回应群众关切的问题，同时创新形式，增强发布信息的及时性、问题的针对性和服务的专业性，以此引导群众隔离防护、复工复产，成为疫情信息传播与市民服务中的主心骨。

三、城市媒介生态发展的重要特征

2020 年以来，西安地区的传播格局有了显著的改善和提升。在城市宣传和城市形象塑造的传播过程中，逐渐摆脱了"网红城市"的印记，摆脱了"流量英雄"的路径依赖，城市媒介生态中的浮夸之气、自满之气，也逐渐回到踏实、理性的轨道中来。目前，西安地区的传播格局呈现出积极健康的发展态势，从不同的监测平台和抽样数据以及关键案例解析，不约而同地揭示出西安地区传播格局发生的巨大变化。在过去的一年里，通过统筹传播环境、传播内容、传播规范、传播效果等关键方面，通过"去虚火、增实效、强法制、促发展"的发展逻辑综合施治创新改革，取得了良好效果，西安媒介生态进入了内涵式、高质量发展的新局面。

目前，在西安地区，网络公共传播领域呈现出如下特点：首先是主流媒体在新媒体方面的传播力、引导力、影响力、公信力逐步提升。主流媒体宣传阵地逐步巩固，由主流媒体主导的良性传播格局正在形成。其次是非主流意识形态"自媒体"占据的传播资源显著减少。公众关注度下降，公共影响力降低。最后是公共传播内容在议题的丰富程度、报道的深入程度方面均有提升，公共讨论趋于理性。

应当注意的是，流量的"虚火"虽然得到矫治，但部分"虚火"引起的"后遗症"仍然存在于公共传播领域。在今后的公共传播活动中仍要保持较高的警觉和准确的分析研判，预防"虚火"复来。

（一）城市公共传播生态的重要转变

1. "虚火"下降，实效提升

（1）百度指数分析。

根据百度搜索指数显示，在 PC（个人计算机）端和移动端以"西安"作为关键词进行搜索，在 2018 年 3 月—2019 年 3 月与 2019 年 3 月—2020 年 3 月的环比中发现，在前一时间段内，"西安"作为关键词的搜索指数是 17 935，在后一时间段内，"西安"作为关键词的搜索指数已经变为 12 906，同比下降约 28%（图 2）。

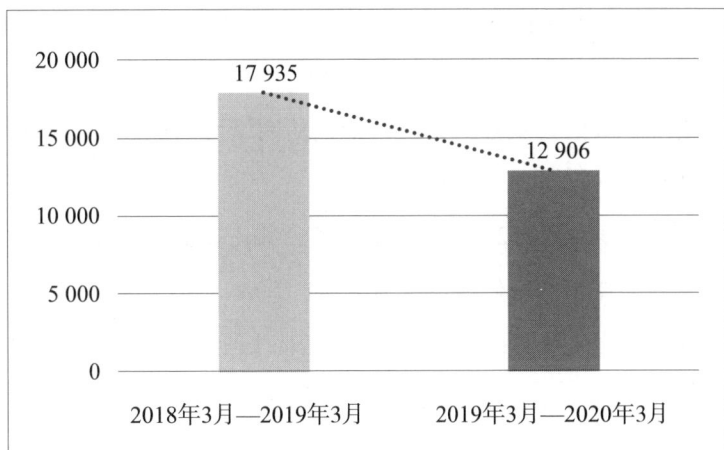

▲ 图2 2019年与2020年百度搜索指数对比

相比而言，资讯指数却有较大的提升，从1648提升到15 237（图3）。资讯指数是选时间段的总体资讯关注表现，主要包括网民的阅读、评论、转发、点赞等行为的数量加权求和得出资讯指数，基本反映了关键词的信息流动传播的总变化。资讯指数的提升主要是一种信息内涵式的发展，从网络真假难辨的"自媒体"流量，转变为切实负责的"媒体关注"，媒介从关注"反常"负面的新闻报道，逐渐趋向正面、客观的事实报道，其背后的支撑是城市经济社会发展的直接体现。

从百度指数的变化可以看出，西安市的外部形象和城市关注点正在发生变化，逐渐摆脱了"网红城市"的标签，向着真实有质量的舆论场靠近。

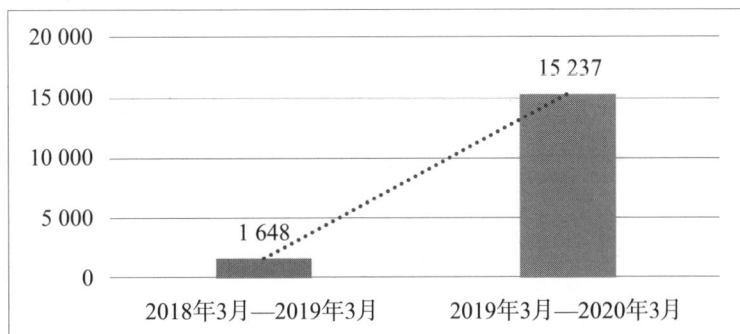

▲ 图3 2019年与2020年百度资讯指数对比

（2）海河大数据统计分析。

海河大数据统计分析平台选取西安地区主流媒体、2000 余个当地的媒体网站、微博、微信公众号内容及评论，从网络传播热度和网络传播情感指数两个方面抓取数据，开展分析。

网络传播热度方面，2019 年西安城市公共传播数据呈现出如下具体趋势：2018 年西安城市网络传播热度为 1 221 759.9，2019 年为 989 704.9，城市网络传播热度呈现出显著的下降趋势，同比下降 18.9%。网络传播热度月变化趋势见图 4。

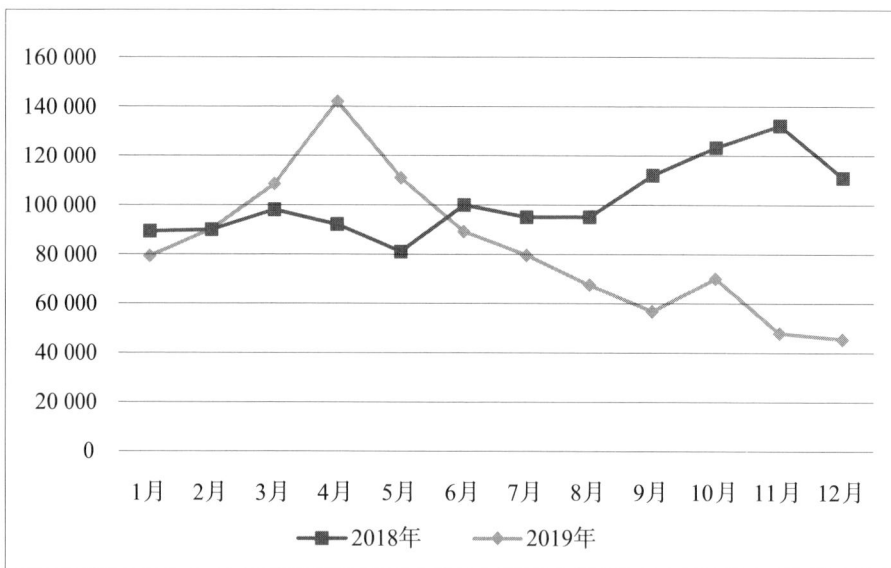

▲ 图 4　2018 年、2019 年西安城市网络传播热度月变化趋势同比

举例来说，对比华商网微博 2018 年 4 月 8 日与 2020 年 3 月 23 日关于"摔碗酒"的单条推送，数据显示，转发量下降 88%，曝光量下降 37%，二次转发量（传播影响力）下降 45%，评论中的负面态度上升 67%。相关分析人士认为，正是西安市、重庆市等"网红城市"为抖音贡献了巨大的流量，才激发了抖音市场的活力，使其能够在众多视频产品中脱颖而出。但抖音本身对于"网红城市"的文化建设、形象塑造、社会认

同等重要方面，并没有伴随网络流量的攀升而提升，遑论深层次的价值引导和可持续的内涵式发展，"网红城市"一定程度上是互联网资本催动的"虚火"表现，而不是城市经济社会实际发展的真实反映。

网络传播情感指数方面，通过对评论内容的抓取，综合正面评价程度、总体负面评价程度得出，2019年度网络传播情感指数为16.62，位于指数区间的中高段，对比2018年度环比上升18%。

2019年度呈积极态度的评论占比53%，呈中立态度的评论占比22%，呈消极态度的评论占比25%（图5）。公众对热点事件的情感指数上升，一方面反映出负面新闻数量的减少，另一方面也表现出公众对网络传播生态满意度的提升。

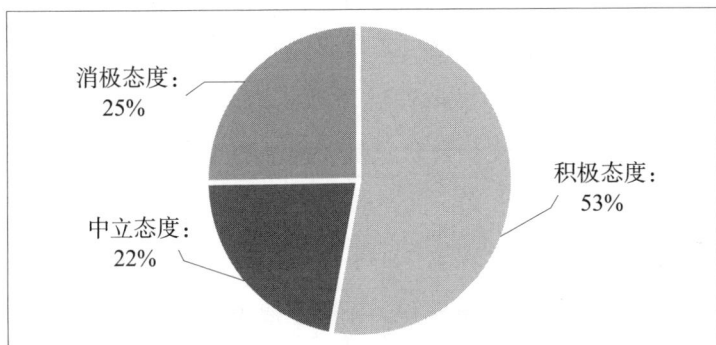

▲ 图5　2019年网络传播情感分布

2. 媒介生态发展健康有序

城市媒介生态指数体现了一个城市媒介的繁荣和丰富程度，通过媒介生态指数可以较好地观察城市媒介综合的传播力和影响力，对城市媒介生态进行宏观的把握和参考。据监测数据显示，2020年一季度西安城市媒介生态指数为156.5，相比2019年度平均值上升28.9%。2020年一季度，全市政务微信公众号平均"在看"值335次，政务微博公众号转发、评论和点赞平均值905次；主流媒体微信公众号平均"在看"值1126次，主流媒体微博公众号转评赞值6040次，城市政务新媒体端和主流新媒体端的传播力和影响力显著提升。

疫情期间，在西安城市公共传播领域中，政务新媒体端和本地主流新媒体端的传播力和影响力高开高走，彰显了其压舱石和中流砥柱的重要作用和意义。在公共危机面前，人们潜意识里仍然选择有公信力的媒体作为获取信息的正规渠道，这既是对主流媒体长期以来专业水准和媒体品格的信任，也是对传播多样化、信息碎片化、意见复杂化的保护反应。

（二）城市公共传播领域的个案分析

以"贞观"为代表的一些公众号围绕社会公众事务频频发言，形式上似乎具备了独立思考、理性建设的良好姿态，然而聚集了一定的知名度以后，就开始了另类"生意"。撰写文章"点名"相关组织或机构，在充满煽动性的叙述中，推送文章截取片段，罔顾完整事实，将其送上公共舆论的"审判席"。后真相时代，公众只是在网络的喧嚣中表达情绪，而非真正理性的思考和解决问题，往往是主观意愿先行，情绪超越事实。网络声浪盖过事实依据，于是一手舆论，一手生意，双轮驱动，风生水起。

其中的原因复杂，但总的来说，不外乎以下三个方面：一是相关组织和单位缺乏互联网思维，没有掌握网络传播规律，不知道如何应对；二是患有严重的"恐网症"，闻网变色，"本领恐慌"致使不善运用网络表达手段，不能有效地呈现事实；三是一些流量主恶意污染媒介生态，破坏传播格局，正能量不彰，导致歪风邪气蔓延。

课题组利用 Python（计算机编程语言）抓取 2019 年"贞观"公众号的全部文章，作为分析样本，围绕"平均阅读数、平均点赞数以及文章主题"等方面进行分析。如图 6 所示，2019 年微信公众号"贞观"相较于 2018 年而言，平均阅读量有较大幅度的下降，总体阅读量呈现出下降趋势。

根据平均点赞量的变化趋势（图 7）发现，相较于 2018 年，2019 年"贞观"的平均点赞量有较大的下降趋势。

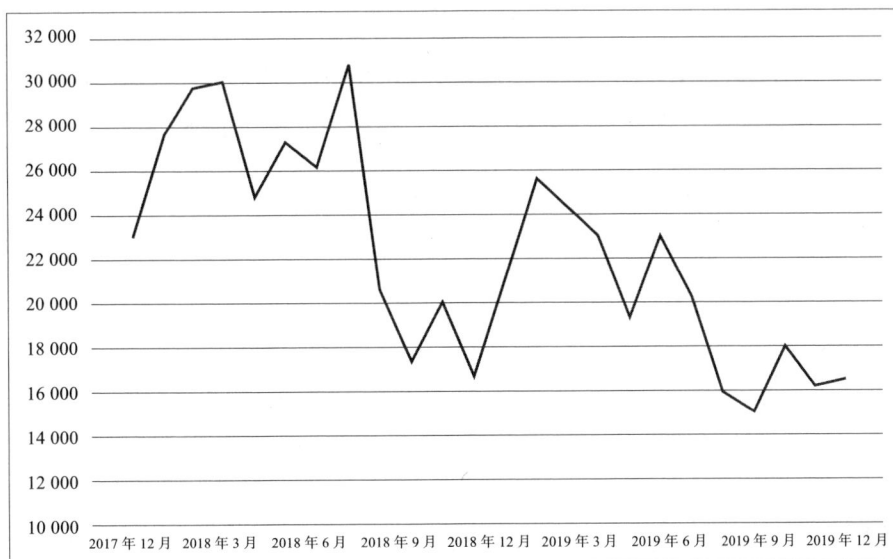

▲ 图 6 "贞观"微信公众号 2018—2019 年平均阅读量变化

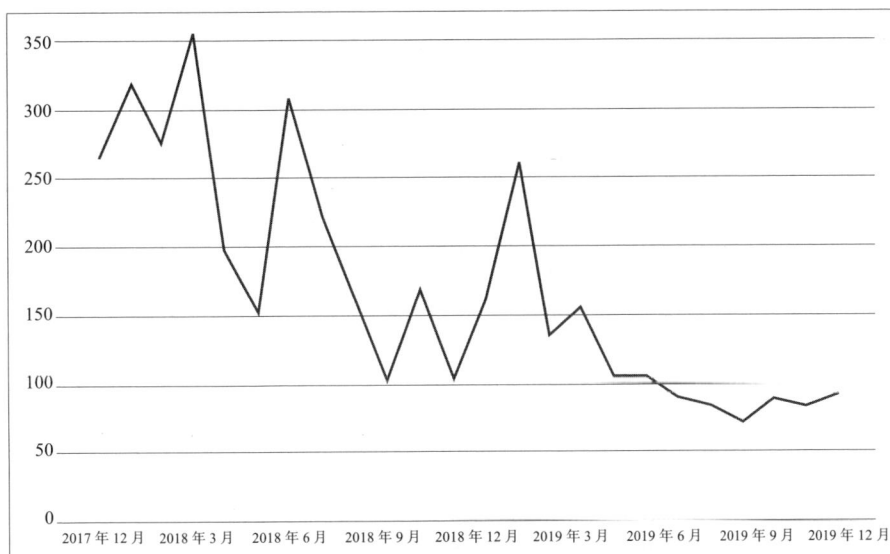

▲ 图 7 "贞观"微信公众号 2018—2019 年平均点赞量变化

如果说平均阅读量反映了账号的关注度，平均点赞量反映了账号的认同度，那么点赞量与阅读量的比值所代表的点赞概率，则反映了账号的渗透力、影响力。从图8可以看出相较于2018年，2019年"贞观"的点赞量呈现出跳水式下降，这意味着该公众号的影响力正在下降。

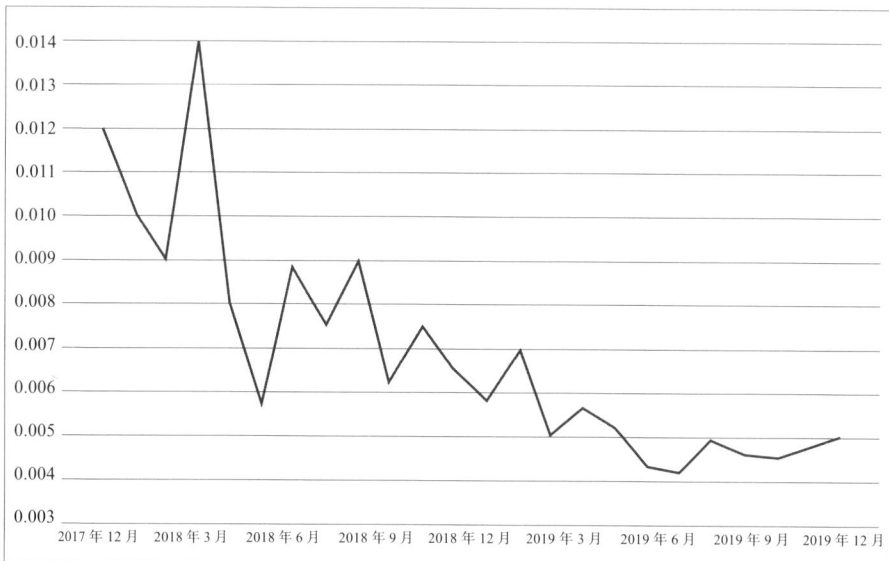

▲ 图8 "贞观"微信公众号2018—2019年点赞概率变化

综上可知，从2019年开始，曾经红极一时的微信公众号"贞观"的关注度、影响力、渗透度都呈现下降趋势，减少了"网红气质"。而同时，全市的政务新媒体和主流新媒体的相关数据呈现稳步上升的趋势。

四、对策建议与思考

（一）始终用核心价值引导公众

在城市公共传播活动中，不断创新传播内容和形式，更好地满足受众的需求，发挥其凝聚社会共识、引领社会风尚的重要作用。社会转型期的价值多元与多变，加之新媒体信息资源的碎片化特征，给人们的价值观带来了不可忽视的冲击。

城市主流媒体地位特殊，它们组织能力强、传播范围广、影响效果大、社会责任重，所以必须始终坚持核心价值观，使之成为凝聚城市精神、形成城市共识的重要传播载体。作为城市主流媒体，在突发公共卫生事件中，一方面承载着传播信息的主责主业，另一方面肩负着引导社会主流舆论，厘清谬误，凝聚共识，弘扬城市精神，打造共同的思想基础的重要作用。城市主流媒体应围绕核心价值观的内涵和理念，精心设计丰富多彩的教育活动，吸引民众积极参与，促进受众与传播者、受众与受众之间的情感沟通和交流，产生情绪共振。信息时代涌现出海量的开放信息资源，只要实时关注、及时发掘，就能有取之不尽、用之不竭的生动、感人的素材与典型事例。

在改革和转型的时代，要确保社会主义核心价值观的主流地位，使其真正成为核心价值观建设的中流砥柱。特别是在公共传播领域，要坚持"以人民为中心"的工作导向，要认识到"人"是整个价值观的主体，是先进价值观的承载者和体现者。要将"人"作为传播价值的最佳载体。要不断修炼内功，扩大影响，在宣传解读和引导公共传播活动中履行自己的价值使命。

（二）筑牢意识形态阵地安全

习近平总书记多次强调："能否做好意识形态工作，事关党的前途命运，事关国家长治久安，事关民族凝聚力和向心力。"一个国家、一个民族是如此，一座城市更是如此。社会主义核心价值观的培育对于意识形态建设意义重大。

在意识形态方面出纰漏，城市建设必然走入歧途，意识的反作用力势必影响到城市经济社会的发展。公众舆论不理性、不健康，城市就缺乏发展所需的精神动力，缺乏前进的凝聚力和进取心。在城市的公共传播领域，要不断强化意识形态阵地安全底线，必须始终坚持党管意识形态不动摇、党管媒体不动摇，确保主流思想和舆论占领意识形态阵地。在公共传播中，主流媒体要发出正面声音，为舆论引导注入正能量，在全社会培育践行社会主义核心价值观的浓厚氛围。地方党委要善于利用主流媒体、新媒体强大的宣传功能，实现社会主义核心价值观的快速传播，以此来引领社会文化建设，巩固意识形态阵地。

进行网络舆情治理的重要原则是"防患于未然"，治理者的核心需求是在危机事件发生之初就要全面掌握舆情，及时发现危机的苗头，并对可能产生的现实危机走向、规模进行初步判断。及时的预警可以给治理者提供更长的反应时间和准备空间，以便能够更好地制定舆情的应对策略，最大限度地规避舆情危机的破坏作用。坚持传统媒体和新媒体融合发展，以创新内容为主体，积极利用新媒体技术，强化媒体行业管理，不断增强新媒体传播格局下主流媒体的话语权。

（三）推进媒体融合纵深发展

我国主流媒体向来被看作是权威信息的发布者与传播者，起到政府和公众之间的沟通桥梁的作用。主流媒体发布报道的形式、内容，传播的渠道、效果等都会影响到公众对事件的认识，甚至会影响到社会的稳定。在新媒体的时代背景下，我国传统主流媒体正逐步转型为新型主流媒体，可利用的传播渠道和传播方式大大丰富。但同时，新媒体的传播环境变得更加复杂，对我国主流媒体的传播能力提出了更高要求。因此，新媒体时代下的主流媒体，需要将科学性、公共性和商业性相结合。

在媒体融合过程中，要不断增强主流媒体新闻工作者在核心价值观建设中的专业素养。媒体专业规范了媒体的行业规则和媒体人的职业操守，它是媒体从业者群体用以建构并维护其职业共同体的话语资源。按照属性议程设置的观点，媒体不仅可以影响公众该关注哪些议题，还能引导他们怎么想。在突发公共事件中，媒体的职责不仅在于将消息传递给公众，更在于引导公众理性对待，避免出现公众过度恐慌带来的不利局面。要想正确引导公众，首先，媒体应保证自身报道的科学性，媒体报道的事实应该是客观准确的，因为真实是新闻的第一生命。其次，专业性是客观性的根本保证。应注意提高媒体从业人员的专业素质，培养部分"专家型"的记者和编辑，在重大突发事件来临时，还可以成立专门的报道小组，必要时联系咨询相关领域的专家，以保证报道在专业知识上不出现偏差。在面对重大突发公共事件时，公众亟须了解事件的现状、危害、发展趋势以及防治措施等，因此主流媒体不仅要自身专业水平过硬，而且要敏锐把握公众的需求与痛点，并以通俗而准确的方式做好专业知识的传播，降低谣言产生的概率，避免造成不必要的社会恐慌。

（四）强化主流媒体主体地位

主流媒体是传递核心价值的压舱石。突发事件随着自媒体的曝光引起网络热议，各种消息鱼龙混杂，甚至会谣言四起，成为焦点。突发的公共危机事件的发展一般要经历四个时期：萌芽期、发展期、爆发期、消退期。按照"沉默的螺旋"理论，事实的真相具有滞后性，是随着理性的剖析慢慢浮出水面的。此时，就需要主流媒体的积极引导，使官方舆论场和民间舆论场相统一，让多元媒体的介入不断揭示事实真相，澄清事实。

主流媒体承担着向人民群众提供公共文化服务的任务，还是国家政策法规、权威信息的发布平台。主流媒体在"采、编、播、存、用"流程中积累了丰富的经验，在节目设置和内容把控方面都独具优势。以微博、微信等为代表的新媒体，适应了当前快节奏的社会，尤其是满足了中青年群体碎片化、交互式，以及快速获取信息的需求。

新冠肺炎疫情期间，出现了所谓"粮食危机"的话题，一些关于粮食安全的谣言不绝于耳。2020 年 3 月 31 日，关于囤粮的不实消息冲上微博热搜，随即新华社、《环球时报》及时发出报道指出，联合国粮农组织预计，粮食危机可能会在 4 月和 5 月出现，依据是目前已经发现粮食在多方面遭遇多重挑战，比如粮食运输、家畜养殖等。但截至当前，粮食产业真正受到的冲击并不大，不需要过于恐慌。同时，报道分析了其他相关因素，并对我国粮食安全作出基本的判断：不仅"受疫情影响较小"，而且"再加上产区气候良好，今明两年大概率会丰收"的重要结论。这一报道是自媒体与传统媒体的碰撞后衍生出的新的信息传播进程，及时辟谣不仅会降低社会恐慌，而且为社会稳定发展打了一剂强心针。主流媒体要善于通过热点事件开展议程设置，引导舆论，梳理公共情绪，树立信息传播中的权威形象。更要在公共危机中，提高议程设置的主动性和积极性，提高对相关议题的敏感度，主动设置议程，减少"牵着鼻子走"的被动局面。

（五）提升市民综合素养水平

科学理性思维不仅仅是针对广大媒体从业人员，更是提升全社会市民媒介素养的最佳途径。在信息传播活动中，要主动做好市民的科学素养提升工作。科学传播不仅是专业科学传播工作者的工作与责任，广大媒体也应担当起越来越重的科学传播工作。媒体是科学与政府之间的联络员，是科学与受众之间的桥梁。在科学与受众之间，媒体的责任不仅是知识的传播，更重要的是对反思、疑问、求证、解析、探究这类从简单处发现大道理的科学精神、方法、思维的传播。网络内容纷繁复杂、良莠不齐，给媒体从业人员带来了挑战。在报道新闻事件的同时，媒体应注意分析评论与理论引导，坚持新闻理性，最大限度地避免虚假信息、有害信息的扩散。媒体有责任就公众对科学的看法、疑问给予及时的反馈、专业的解释，这样才能达到提升公众科学素养的初衷。

科学素养是人们对事物的认知水平和行为方式的重要基础。市民的科学素养提升了，就能大大减少盲从和谣言的发生概率，所以要在公共传播活动中，加强媒介素养教育，营造良好的媒介生态环境，推动传播主体的自主自律行为。可以通过开设媒介素养教育课程、举办讲座等方式推动网络文明创建，增强民众的网络法治观念、信息辨别能力，努力将网络空间打造成传播正能量、弘扬主旋律的和谐家园。

（六）创新媒介生态治理能力

媒介生态治理需要持续加强、不断提升，坚持从全局出发，坚持"系统治理、依法治理、综合治理、源头治理相结合"的指导思想，将媒介治理的视野拓展为媒介生态治理。媒介生态治理涉及传播主体、内容、机制与保障，其本质是协调信息传播与社会稳定发展的关系，基础是政府、媒体、平台、公众等各主体权力和职责的确认，核心是建立多元的、立体的、规范的传播秩序，关键是生成健康积极的内容生产机制与迅速有效的监测引导机制。

现代信息社会主要以信息数据交换为基础，以云计算和大数据技术为预测拟合的重要工具。它支持全数据的预测拟合，这样就可以在沙盘推演阶段预知风险和隐患制约因素。因此，从这个意义上说，得数据者得先机，掌握数据并进行科学分析、合理研判，就能做好事情的统筹安排。

"工欲善其事，必先利其器。"在日常工作中，也要使用大数据为高效工作赋能，不用再花费大量精力在填表上，也不用耗费大量人力搞人海战术。省下来的时间、精力能更多放在综合研判、整体策划上。在互联信息时代，若要提升治理能力和水平，就必须要掌握好科学分析研判的重要工具。要善于学会以大数据为支撑的"组合拳"，充分利用各种平台的大数据分析和测评体系，更加精准有效地实施相关工作，合理统筹媒介生态。

在大数据的使用中，需要特别注意的是：要用好大数据，但不要迷信大数据，避免唯"大数据"论，要注意数据的连接和共享，数据必须结合实际情况，不能就数据而数据，形成"数据孤岛"。目前，技术的发展已经为改变治理方式提供了有利条件，关键是会不会用、怎么用和谁来用的问题。在未来媒介生态治理的工作中，要学会善于依靠科技手段，在"精准"施策上下功夫，使媒介生态治理水平搭上技术发展的"快车"。

（本文为陕西省哲学社会科学重大理论与现实问题研究年度一般项目后资助课题"总体国家安全观视域下提升重大公共事件中的舆论引导能力研究"阶段性研究成果）

附件：2020 年西安地区主流媒体和政务新媒体综合榜单

2020 年主流媒体微信传播力榜单（月均粉丝量）

排行	名称	数量（人）
1	华商报	358 364
2	西部网	13 656
3	西安晚报	109 495
4	西安新闻广播	9 446
5	陕西广播电视台	2 026
6	西安网	18 502
7	三秦都市报	27 778
8	陕西日报	8 713
9	西安日报	21 995

2020 年主流媒体微信影响力榜单（月均在看量）

排行	名称	数量（次）
1	华商报	587
2	西安晚报	285
3	西安日报	32
4	三秦都市报	18
5	西安网	15

续表

排行	名称	数量（次）
6	陕西日报	12
7	西部网	7
8	陕西广播电视台	6
9	西安新闻广播	5

2020 年主流媒体微博传播力榜单（月均粉丝量）

排行	名称	数量（人）
1	华商报	10 711 107
2	西安晚报	6 538 566
3	西部网	1 903 217
4	三秦都市报	1 069 003
5	西安日报	686 093
6	陕西日报	587 442
7	西安广播电视台	342 215
8	西安网	159 370
9	陕西广播电视台	60 468

2020 年主流媒体微博影响力榜单（月均互动量）

排行	名称	数量（次）
1	华商报	4863
2	西安晚报	772
3	西部网	474
4	西安广播电视台	461
5	西安日报	255
6	三秦都市报	105
7	西安网	93
8	陕西日报	42
9	陕西广播电视台	22

2020 年政务新媒体微信传播力榜单（月均粉丝量）

排行	名称	数量（人）
1	西安发布	203 022
2	西安市场监管	149 678
3	西安市人力资源和社会保障局	129 566
4	西安工业	108 718
5	西安旅游智慧服务平台	12 642
6	西安生态环境	6 111
7	西安公安	4 829
8	创新西安	4 543
9	西安住房公积金管理中心	3 368
10	西安市审计局	3 423

2020 年政务新媒体微信影响力榜单（月均在看量）

排行	名称	数量（次）
1	西安发布	366
2	西安公安	42
3	西安市人力资源和社会保障局	23
4	西安生态环境	14
5	西安市教育局公众号	13

2020 年政务新媒体微博传播力榜单（月均粉丝量）

排行	名称	数量（人）
1	西安发布	1 318 681
2	西安公安	1 237 503
3	西安市工信局	73 562
4	法治西安	38 480
5	西安生态环境	36 163
6	西安人社	26 118
7	西安市城市管理和综合执法局	20 069

续表

排行	名称	数量（人）
8	西安税务	6 555
9	西安防震减灾	5 054
10	西安卫生健康	4 815

2020 年政务新媒体微博影响力榜单（月均互动量）

排行	名称	数量（次）
1	西安发布	1699
2	西安公安	76
3	西安生态环境	161
4	法治西安	25
5	西安人社	3

传播活动与治理

大数据视角下公共危机事件网络舆论引导与治理策略研究

王洋，柴文耕，詹海宝*

摘要：舆论引导能力是国家治理能力的重要内容。当前，世界百年变局和世纪疫情叠加，公共危机事件爆发频率、规模与严重程度不断上升，相关信息通过网络媒体快速扩散传播，引发地区、全国乃至全世界的关注，舆论引导工作日益艰巨。针对"信息缺失""信息悖论""信息传导"引起的公共危机事件舆论引导困境，引入大数据技术推动公共危机事件舆论治理的理念、模式、技术、工具创新，能够有效构建善治、智治、法治、共治协同发展的舆论治理格局，为经济社会发展营造良好舆论环境。

关键词：大数据；公共危机事件；舆论引导

---

* 王洋（1990— ），西北政法大学新闻传播学院讲师，西北政法大学社会政策与社会舆情评价协同创新研究中心研究员，博士研究生，研究方向为网络政治传播、网络舆情研究；柴文耕（1990— ），西北政法大学新闻传播学院工程师，博士研究生，研究方向为网络舆情研究；詹海宝（1987— ），西北政法大学新闻传播学院讲师，博士研究生，研究方向为新媒体研究、网络舆情研究。

引言

公共危机事件是指一种危及全体社会公众的整体生活和共同利益的突发性和灾难性事件。公共危机事件影响经济秩序、政治秩序、社会秩序、法律秩序、文化秩序，危害人们的生命健康、人格尊严、自由权利、财产安全与心理安全。全球化与现代化的交织发展使风险社会成为人类开展实践的常态化背景，公共危机事件特别是重大公共危机事件爆发的频率、规模与严重程度不断上升，并以灾难性的后果警示：公共危机事件不仅危害社会安全、国家安全，甚至对人类的本体性安全产生强力摇撼。

同时，在信息化、网络化、民主化浪潮下，公共舆论在国家政治、经济、文化和社会生活中扮演着越来越重要的角色。当公共危机事件发生时，互联网凭借其即时、自由、互动、开放等特点，成为信息传播与事件发酵的重要媒介，网络舆论的主体多元性、传播多维性、风险复杂性叠加网络社会的隐匿性、嵌入性、区隔性与公共危机事件风险难控制、难预知、难评估的特点，极易造成危机的加剧和扩散。在此背景下，作为国家治理能力重要内容的舆论引导能力亟须治理理念、治理模式、治理技术、治理工具等方面的创新。

习近平总书记指出："要运用大数据提升国家治理现代化水平。要建立健全大数据辅助科学决策和社会治理的机制，推进政府管理和社会治理模式创新，实现政府决策科学化、社会治理精准化、公共服务高效化。"面对复杂多变的公共危机事件舆论环境，大数据可以通过不间断识别和处理信息将模糊的社会情境转化为清晰的社会议题，再为其提供可测量的指标和数据。将大数据技术运用到政府治理过程中，是信息时代发展的必然要求，也是提升政府治理能力的必然选择，将大数据纳入舆论监测、舆论监管、舆论治理的全过程是政府把握正确舆论导向、为经济社会发展营造健康舆论环境的关键课题。

2022 年，西安市第十四次党代会将"深入推进高效能治理，打造市域社会治理'西安样板'"作为今后五年加快国家中心城市建设的重点任务之一。本文紧扣西安市当前舆论环境特点，分析公共危机事件中舆论治理的主要路径、存在问题，并从大数据的视角出发探讨如何在公众危机事件的舆论治理中做到研判精准、发声得法、引导全面、互动有效，提高公共危机事件的治理层级和治理效能，全面提升市域社会治理能力和水平。

一、公共危机事件中的网络舆论引导困境

截至 2021 年 12 月，我国网民规模达 10.32 亿，网民使用手机上网的比例达 99.7%，移动互联网接入流量达 2216 亿 GB。随着网络空间的不断发展，各种网络媒体平台成为信息传播的重要集散地。公共危机事件通过用户数量大、操作功能强、发布门槛低、对话时效强、互动渠道多的网络媒体平台迅速传播，在极短的时间内即可实现对公共危机事件所指涉社会问题的观点交锋和情绪聚集，塑造信息传播的新样态。众多社会成员的高度关注，使得公共危机事件快速突破边际界限，产生强大的声势，与此同时，负面的网络舆情比例也在不断上升，对网络秩序和社会发展造成严重影响，使舆论引导面临困境。

（一）"信息缺失"引发社会恐慌，舆论引导复杂性升高

公共危机事件大多具有无法预测、突然爆发、急速发展、非常规等特点，具体表现为事件发生的时间、地点、波及范围、发展过程、具体危害程度难以预测。这就导致在政府层面，相关部门短期内无法给出专业、科学、全面的应对策略，难以实现社会资源的有效供给和优化配置。信息资源也是社会资源的一种，公共危机事件爆发初期会产生一定的社会混乱甚至停摆，原有的信息传播秩序与日常的信息生产传播活动受到波及，公众在信息诉求无法满足的情况下产生"信息饥渴"，信息缺失使公众无法减

少自身境遇的不确定性，并缺乏引导下一步行动的判断基础，进而引发公众产生强烈的不安全感。

在社会层面，一方面，公共危机事件的影响群体非常广泛，几乎涉及事件发生区域内或周边的所有个体，甚至外围的间接关联群体也会受到威胁。这就导致事件的波及范围往往不局限在本地、本国，甚至有可能造成世界范围内的关注和误读。另一方面，事件产生后通过网络媒体特别是社交媒体的快速、高密度传播，相关讨论往往呈现出官方舆论场与民间舆论场、国内舆论场与国际舆论场不断冲突、重叠、联动的复杂传播样态。

在个人层面，事件突发对民众的心理和认知造成极大冲击，产生恐慌、焦虑、担忧等消极情绪。社会心态是社会现实的直接反映和折射，是公共危机事件治理能够有效进行的社会心理基础。公共危机事件爆发期，公众情绪状态极易受到谣言、谎言的影响，并在空间上呈现"涟漪效应"，即受事件影响越大地区的民众情绪问题越严重；在行为上呈现"补偿效应"，即通过非理性行为对于事件造成的控制感丧失进行调试。公共危机事件平复期，人们的心理健康水平也逐渐转好，但是对疫情本身的焦虑逐渐转向对家庭关系、经济生活状况和未来发展的焦虑。[①]事件的特征与民众的心理诉求、社会矛盾常常会形成连片势头，舆情事件应对复杂性较高。

（二）"信息悖论"引发谣言传播，舆论引导公信力下降

对于公共危机事件的认知是具有阶段性的逐渐探索的过程。公共危机事件发生初期，政府、专家、媒体、公众对于公共危机事件都存在不可避免的无知状态。比如，对于新型冠状病毒的认知就经历了从认为不会人传人到确认存在大量人传人现象，从认为无症状者不会传染到发现无任何症状的感染者也会传染他人，从认为潜伏期一般为3至7天最长不超过14天到发现潜伏期长达24天甚至更长的感染者，从主要通过核酸检测呈阳性来确诊到发现许

---

① 解晓娜，郭永玉.突发事件凸显心理学在社会治理中的作用［N］.中国社会科学报，2021-01-21.

多核酸检测呈"假阴性"的患者也是新冠肺炎感染者等逐渐深入的过程。

而公众由于信息不对等，更容易被误导，这就产生了谣言的滋生空间。各种或是断章取义或是别有用心的网络谣言在公众自保心理与强烈道德感的作用下变成了"宁可信其有"的"伪真相"。随着事件的发展，相关信息逐渐增多，公众的立场和判断可能会发生多次反转，对事件的关注点也在不断发生变化，部分谣言可能会引起更为严重的极端言论，在一定程度上引发社会恐慌情绪，破坏社会秩序、影响社会稳定，并使政府公信力受损。同时，"信息饥渴"会导致公众下意识利用触手可及的信息安抚焦虑情绪，而随着公共危机事件的发展，大量未经证实的事件相关信息会涌入舆论场，权威信息的不足与无效信息的泛滥并存，反而使公众陷入接触信息越多越焦虑的"信息悖论"，产生"信息焦虑""信息倦怠"等一系列以紧张与压迫为情绪基底的精神现象，相关舆情也更加复杂多变。

（三）"信息传导"引发舆论变异，舆论引导存在失败风险

近年来，网络空间成为负面情绪的"宣泄场"，这些负面情绪或者负面言论在日常传播场景下有其相对固定的传播圈层，但公共危机事件可能成为这些言论的"催化剂"。公共危机事件的种类繁多、形成原因复杂，事件从酝酿到爆发通常会融合多种矛盾因素，如政治、宗教、民族等，小众舆论与煽动言论极有可能突破其原有的传播圈层，赢得民众的赞同和转发，这就导致公共危机事件的事实传播被冲淡，舆论引导可能无法达到预期效果。

二、大数据参与网络舆论治理的基本逻辑

（一）大数据塑造网络舆论治理环境

大数据塑造网络舆论治理环境体现在两个方面。一方面，"网络赋

权"拓展了网民的信息传播权利，使其可以自由发表对于公共事件的理解，"算法推荐"改变了网民的信息获取行为，基于此，多元利益主体基于不同价值取向诉诸感性经验的微观叙事方式弱化了传播的意识形态性。另一方面，大数据技术为社会治理和发展决策提供效率层面的"最优解"，同时，以数据资源为核心的新型生产关系也正在纵深到社会结构的各个维度。在"万物皆代码"的智能时代，大数据本身作为参与生产的信息要素也成为一种资源，因公共利益抑或商业利益被收集、储存、应用。随着数据量的不断增加，网络逐渐量化为现实世界的"镜像"，网络舆情管理必须全面掌握网络舆情运行规律及其与现实社会的相互影响，实现网上网下充分联动、协调共治。

（二）大数据创新网络舆论治理技术

大数据技术可以为网络舆论治理精准化和精细化提供解决思路。一方面，大数据可以推动舆论治理中"政府—社会—个人"信息链条的转动。从横向来看，使政府精准把握社会需求和个人诉求；从纵向来看，使信息能够在不同层级机构与个人间流动。另一方面，大数据面向类型繁多的、非结构化的海量数据，可以运用用户画像、标签、跨平台分析等技术手段提升社会治理的精准化，进行决策分析，以有效应对各种突发事件。

（三）大数据改变网络舆论治理过程

公共危机事件治理的最理想状态是"防患于未然"，在事件已经爆发之后，治理追求的是快速、有序，将危害控制在最小范围。大数据时代，政府可以透过大数据观测政治、经济、社会事务中依靠传统技术或者人力组织方式难以展现的关联关系，即对隐性的危机进行识别，并对事件的发展趋势作出准确预判，从而将危机事件的舆论引导前置，由被动转为主动，在复杂情况下作出合理、优化的决策。

三、西安市公共危机事件相关舆论分析

笔者自 2020 年开始持续关注陕西省特别是西安市的舆情数据，运用大数据舆情监测与分析技术对西安市域内发生的多个热点事件进行分析、研究与总结。从课题组对于舆情数据的长期关注和持续监测情况来看，往往越涉及人的基本权利的议题越容易引发舆情，越涉及社会公平正义的议题越容易引发舆情，越波及广泛地区、多个社会阶层的议题越容易引发舆情。这样看来，公共危机事件具有较高的舆论关注度有其必然性。

（一）2021 年西安市网络舆情发展的整体态势

2021 年，全网涉及西安市的信息主要以中性和正向类信息为主，大部分为广告资讯、媒体社交和宣传报道类，全年周内工作日新增信息量相比周末节假日新增信息量始终处于高位。从信息走势上看，全年前 11 个月信息量总体上相对平稳，因疫情原因 12 月下旬信息量迅速攀升。从发生时间上看，1—3 月舆情事件较少，4—5 月舆情事件增多，为全年的次高峰期，11—12 月舆情事件最多，为全年的舆情爆发高峰期。需要注意的是，虽然西安市负面舆情信息占比不大，但事件热度较高。

本文共梳理汇总出 2021 年涉及西安市的舆情事件 215 条，这些事件涉及校园教育、干部吏治、司法案件、环境保护、社会民生、基层治理、文化旅游、金融投资、民族宗教、疫情防控、安全生产等领域。从舆情信源来看，社交媒体平台、自媒体、短视频是点燃舆情的三大源头。通过对多起舆情事件的溯源发现，一方面，自媒体和短视频具有"随写、随拍、随发"的特点，成为热点舆情的主要信息源。以"西安月子中心虐婴"事件为例，随着网民爆料视频在微博等社交媒体平台传播，这一事件迅速点燃网络。另一方面，由于微信群圈"范围可看、较难发现"的特点，已经成为涉政和吏治类舆情的主灾区，个别网民在微信群圈发布涉政和吏治类不实信息后，迅速被群圈内成员截图成为

敏感政治类有害信息。从传播渠道来看，社交媒体平台仍是热点舆情传播的主渠道，新浪微博、微信公众号仍为网民表达舆情观点和个人诉求的主要途径。

从重点领域来看，教育类、涉法涉警类、安全事件类、干部吏治类舆情极易被舆论聚焦。

（1）疫情防控话题受社会广泛关注，全年（2021年）都保持较高的热度，特别是12月西安地区新冠肺炎疫情暴发以来，相关舆情在全国范围内具有较高关注度。

（2）教育舆情始终是热点舆情的高发领域。西安市作为全国高校聚集地，教育类舆情多发并涉及校园安全、校园管理、师德师风、监察举报等多个领域。

（3）个别突发事件被媒体转载报道后，便迅速成为焦点话题。2021年8月30日，网传女乘客在西安地铁内被保安暴力拖拽视频，期间女乘客衣服破损，身体大面积裸露。随后交通运输部、西安市妇女联合会、西安市公安局地铁分局发布通报。虽然西安市纪委发布了处理结果，但此事件仍对西安城市形象产生了消极影响。

（4）社会民生和基层治理仍为主体舆情，虽然社会民生和基层治理类舆情呈现出"事件总量大、个案热度低"的特点，也没有出现大的舆情事件。但网民诉求的舆情信息涉及脱贫攻坚、扫黑除恶等热点话题，同时业主维权、特殊利益群体维权都极易形成"抱团取暖"的诉求群体，进而引发网民广泛共鸣，发酵成为舆情热点事件，甚至引爆线下事件，造成社会不稳定。

（二）西安市公共危机事件中的主流媒体舆论引导力分析

公众在公共危机事件中对主流媒体有着特殊的信赖，政府与新闻媒体若能及时提供明确而易接受的信息内容、价值判断、道德选择，将有利于正确地引导舆论。本文选取"2021年西安新冠肺炎疫情"作为案例，旨在分析西安公共危机事件发生过程中主流媒体舆论引导力的具体表现。

1."西安疫情"全网相关数据

从舆情趋势看，2021年12月23日0时至2022年1月26日24时，全网有关"西安疫情"的文章共约 1276 万条，其中微博约 508.5 万条、客户端约 442.1 万条、视频约 218.9 万条、微信约 47 万条、网站约 34 万条、论坛约 24 万条、数字报约 1.2 万条；舆情最高峰出现在 2022 年 1 月 6 日，共约 97.7 万条信息，如图 1 所示。

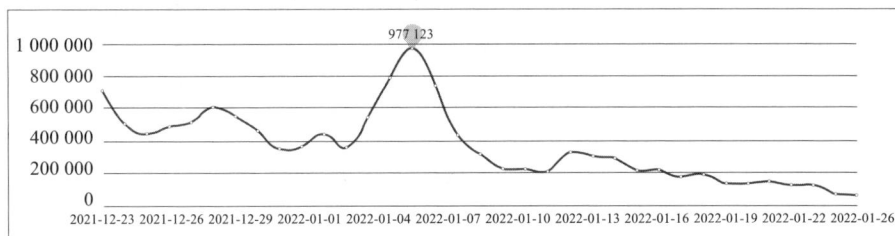

▲ 图 1 "西安疫情"全网相关数据

从信息来源占比上看，社交媒体平台在全网"西安疫情"相关信息传播中发挥了重要作用。微博、客户端和短视频平台为舆论意见表达的主要阵地。其中，微博平台在此次舆情传播中占比最高，达到 39.85%；其次是客户端和短视频，分别达到 34.65% 和 17.16%，如图 2 所示。

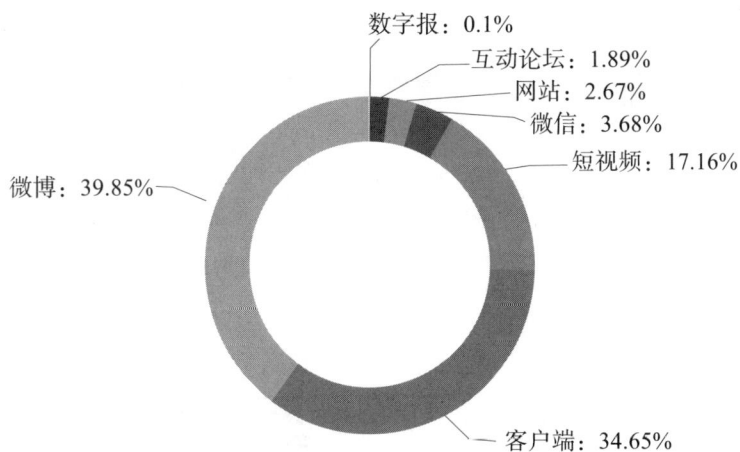

▲ 图 2 "西安疫情"相关信息来源占比情况

通过对舆情的归类分析，在信息监测时段内"医院""西安""医生""疫情""电话""接诊"等成为事件网络传播的核心词。

2. 本地官方主流媒体报道"西安疫情"相关数据

从舆情演进趋势上看，2021 年 12 月 23 日 0 时至 2022 年 1 月 26 日 24 时，陕西官方媒体报道"西安疫情"相关的文章共约 24 340 条，其中网站约 12 229 条、客户端约 5632 条、数字报约 3459 条、微博约 1767 条、视频约 705 条、微信约 533 条、论坛约 15 条；舆情最高峰出现在 2021 年 12 月 27 日，共约 939 条信息，如图 3 所示。

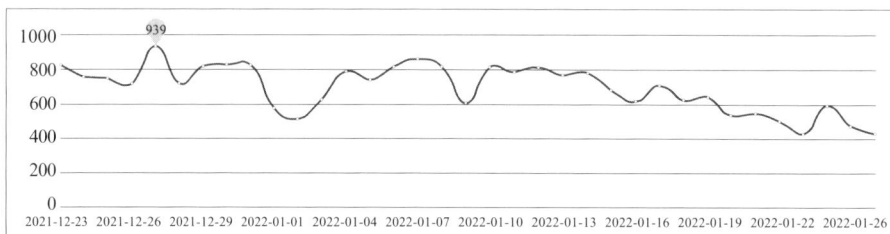

▲ 图 3　陕西官方媒体报道"西安疫情"相关数据

从信息来源占比上看，陕西官方媒体传播"西安疫情"相关信息主要通过网站、客户端和数字报等平台。其中，网站在此次舆情传播中占比最高，达到 50.24%；其次是客户端和数字报，分别达到 23.14% 和 14.21%。其中西部网发文 5979 条、华商网发文 3060 条、陕西网发文 2818 条，分别占据前三位，如图 4 所示。

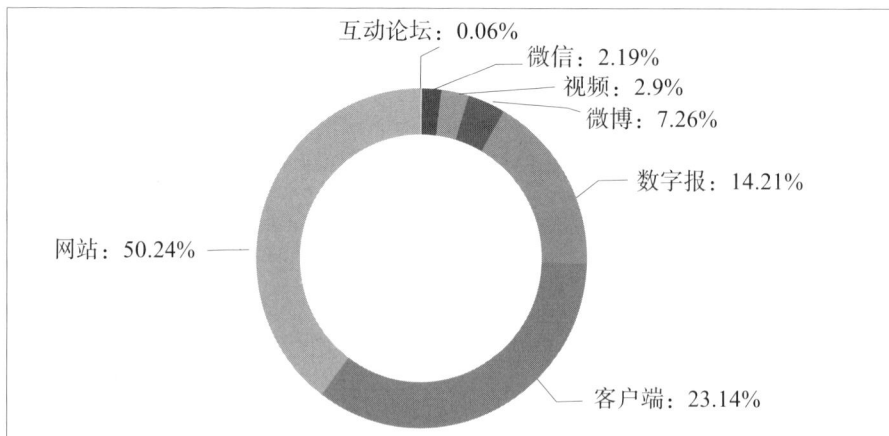

▲ 图 4　陕西官方媒体报道"西安疫情"占比情况

通过系统分析，待定时段内"西安市""疫情防控工作""核酸检测""集中隔离""保障""管控"等成为事件网络传播的核心词，如图 5 所示。

▲ 图 5　陕西官方媒体报道"西安疫情"相关网络传播核心词

同时，为了探究本次事件中陕西官方主流媒体的网络议程设置与舆论引导效应，我们以《陕西日报》与陕西广播电视台的微信与微博推文和公众评论为文本数据采集对象（采集时间设置为 2021 年 12 月 1 日—2022 年 1 月 29 日），通过 Python 数据处理和社会网络分析方法，对以下两个问题进行了研究。第一个问题：陕西官方主流媒体报道议程网络与公众议程网络之间是否存在关联性；第二个问题：陕西官方主流媒体报道的情感属性和公众的情感属性是否存在关联性。结果显示，陕西官方主流媒体报道属性的议程网络与公众议程网络（r=0.331，p<0.01）都呈现出正向的显著相关性；陕西官方主流媒体报道情感（积极）属性的议程网络与公众（积极）情感议程网络（r=0.272，p<0.01）都呈现出正向的显著相关性。上述结果体现了陕西官方主流媒体一定的舆论引导能力。

（三）西安市公共危机事件主流媒体舆论引导效果分析

（1）从传播格局来看，公共危机事件舆论场内有主导但仍需引导。

本次公共危机事件中，主流媒体能够做到及时准确传递重要指示精神与防疫政策，并通过新闻发布会有效回应了社会舆论关切点。根据本次公共危机事件舆情走势的统计数据和网络议程设置效应分析结果来看，本轮疫情中官方主流媒体始终保持较高的信息量和信息更新频率，并对疫情相关网络议题进行了设置，这就证明了权威信息、主流观点能够在公共危机事件舆论场中发挥主导作用。但值得注意的是，本次事件中全网舆情爆发的最高峰与主流媒体舆论引导的最高峰存在错位，并且主流媒体舆论引导的走势并没有对全网舆情的走势产生明显的影响。这就说明，虽然主流媒体在一定程度上设置了公众的谈论议题，但是对相关话题的持续引导能力、对舆情热点的判断能力、对突发讨论的应对能力仍有不足。

（2）从话语策略来看，网民倾向多模态话语传播但舆论引导话语相对单调。

根据本次公共危机事件舆情信源占比的统计数据来看，"西安疫情"期间，微博、客户端和短视频平台为网民舆论意见表达的主要阵地，微博和短视频作为多模态话语形态传播的代表贡献了超过一半的信息数据。所谓多模态话语即语言、图片、声音等符号共存共生并具有互文关系的话语形态。从接受方式来看，多模态的语言策略，特别是视听符号的运用相比单纯的语言符号能带来更为强烈、更为直接的刺激，也更具有直观性、普遍性与感召力，是公共危机事件舆论引导中重要的传播话语策略。数据显示，主流媒体的舆论意见表达较多依赖的是网站、客户端和数字报，网民应用最多的微博和短视频平台只占有 10% 的数据量。

（3）从情绪价值来看，公共危机事件舆论引导机制仍需完善。

网络舆情治理中的"混合情感传播模式"是以情感传播为外在驱动和影响诉求，以政论模式、信息模式、故事模式等为内在构成和信息要素。

在用户资源有限、碎片化的舆论生态中，人们往往更易产生情感的共鸣，而不是对理念或事实作出反应。社交化、移动化、场景化的新闻消费方式的变革，使得情感传播策略在新闻生产和消费中正成为重要动力。[①] 根据本次公共危机事件情感属性的网络议程设置效应分析可以发现，公众对官方主流媒体报道的内容而非情感倾向更感兴趣。也即，主流媒体舆论引导主要作用体现为主要通过报道内容引导公众热议的话题，而通过报道情感色彩的设置引导公众的情绪则较为困难。

四、大数据视角下公共危机事件网络舆论治理策略

（一）追求"善治"，营造良好的网络舆论环境

大数据时代，网络媒体特别是社交媒体的发展使公共危机事件应对不能再通过"管控"相关网络舆论进行治标不治本的管理，而是需要通过"治理"的方式化解深层次的矛盾，打好主动仗。面对由公共事件、群体性事件、敏感问题等引发的网络舆论，要坚持正确的政治方向和舆论导向，及时公布事态发展情况与应对措施，搭建政府、媒体、公众平等交流的互动平台，疏导公众情绪，引导社会热点。例如在"南京玄奘寺供奉牌位"事件中，南京市委、市政府连夜成立专班及时公布事件的调查结果、处置结果，并针对网民反应强烈的民族感情问题予以情感化回应。

网络舆论风暴 ＝ 重要性 × 模糊性 × 敏感性 × 可到达性。[②] 大多数公共危机事件已经具备重要性、敏感性、可到达性高的特征，那么影响公共危机事件网络舆论传播效果的重要变量就是模糊性，即受众掌握的信息是

---

① 刘楠.网络舆情治理的情感社会学取向［N］.中国社会科学报，2021-03-18.

② 匡文波，周倜.论网络舆论风暴公式［J］.国际新闻界，2019，41（12）：131-153.

否是全面的、客观的、清晰的。公共危机事件爆发后，政府如果在第一时间用权威信息抢占网络舆论阵地，充分利用大数据平台建立"政府—媒体—个人"信息联动机制，能够有效提高舆论引导的公信力。

我们要对全国典型网络舆论治理案例进行分级分类研究，结合西安公共危机事件的实际情况找准公共危机事件中的舆情易发关键点、公众认知薄弱点、次生危害增长点，建立舆情事件发布回应程序、工作机制、资源联动机制，确保舆情发生有关注、观点有引导、互动有效果。

（二）追求"智治"，善用大数据提升网络舆论治理效能

充分发挥大数据在危机治理中的作用，建立舆情追踪预警机制，为舆论引导提供落到实处、落到点上的数据支撑。第一，运用新兴技术如5G、大数据、人工智能等对网络信息进行识别，通过全景数据的挖掘，构建网络舆情的过程化研判方法，对西安市经济社会发展中的主要矛盾、重要领域、突出问题进行追踪，对网民的情绪、情感、态度以及整体的社会心态进行追踪，以便进行预测研判，能够更快采取更精准的措施，防范、化解重大舆情危机。第二，对网民表达的感性诉求与理性诉求、道义诉求与利益诉求进行识别和分析，并采取相应的应对措施。在感性诉求与理性诉求中，感性诉求为主要表达方式，但背后折射理性诉求；在道义诉求与利益诉求中，道义诉求为主要表达方式，但其基础是利益诉求。例如，在2022年蔓延全国的"断供潮"事件中，涉及停贷风波的业主多是"刚需"，保交楼是最大诉求。那么，地方政府、有关部门能否尽快开展沟通、处理工作，就是平息停贷风波，消除衍生影响的关键。第三，统筹相关部门及西安市域内各级媒体、智库开展网络舆情信息监测、预警和处置工作，基于互联网信息聚合、文本挖掘和智能检索技术，7×24小时无间断进行全网信息检索，及时发现并快速收集西安经济社会发展所需的网络舆情信息，并通过自动分类、智能过滤、自动聚类、主题检测和统计分析，实现对社会热点话题、突发事件、重大情报的快速识别和

定向追踪，做到实时抓取、监测、筛选、报送，打好"提前量"，实现早发现早预警。由专业团队根据网络动向和网络线索，在复杂舆情表象中预判风险、在细微舆情风险中察觉重大风险，对可能对西安地区发展产生较大影响、引发社会动荡的问题隐患及时介入，做到早研判早处置。

（三）追求"法治"，确立网络舆论治理边界

公共危机事件的网络舆论治理需要法治化，即要求公共危机事件中的网络舆论传播主体、行为、规范、内容必须遵循法律特别是宪法的规定，任何网民、群体或者机构都不能凌驾于法律之上，超出法律之外行事。公共危机事件舆论引导遵循法治边界原则的第一层意味是法治对于公共危机事件网络舆论传播的规制需要具有一定限度，营造一定程度上的宽容环境，对于网络舆论治理的法治边界不能超越现实舆论治理法治边界。公共危机事件舆论引导遵循法治边界原则的第二层意味，即核心意味是公共危机事件网络信息传播自由绝对不是没有边界和限制的自由，网络言论、网络行为需要以不侵犯国家利益、社会公共利益及他人合法权益为限。

大数据在公共危机事件网络舆论治理领域治理效能的充分发挥也有赖于法治边界的确立。大数据参与公共治理的原则、形式、规范涉及多个法律部门。我国目前已形成比较健全的网络空间治理的法律体系，专门性法律有 8 部，相关法律 21 部，但相对于英美等较早开展数字治理实践的国家来讲，我国还没有系统、完善、具体、统一的相关法律法规与执行标准。这也提示地方政府在运用大数据开展公共危机事件舆论治理的过程中要注意可能存在的法律风险问题，一方面，问题来源于技术发展的先进性与法律发展的滞后性之间的冲突，另一方面，问题来源于公共危机事件治理的处理效率与个人敏感信息的保护红线之间的冲突。

（四）追求"共治"，创新网络舆论协同治理模式

公共危机事件网络舆论治理涉及巨大的网民基数，关联众多社会问

题，是一项复杂的系统性治理工程。虚拟社会的急速成长，无形中放大并加剧了不同特质社会阶段之间的冲突。但是，虚拟社会的时代精神、价值取向、伦理制度的革新不能脱离中国社会的现实土壤，作为一种新的社会样态，我们必须关注其与原生社会样态之间的承继、融通和冲突，并寻找相应的应对之道。① 过于封闭的治理模式带来网络社会萎缩和极化的风险，过于开放的治理模式带来网络社会混乱和虚无的风险。坚持在实践中探索形成有效的体制机制，正确处理好管理与治理、维稳与维权、活力与秩序的关系，坚持维护社会主义道路、精神、制度、文化的引领功能，有原则地开放、有引导地共治，构建多元参与的协同网络舆情治理模式，以维系良好舆论生态为重点，构筑网络舆情大数据协同治理新常态。

结语

对于身处信息社会的我们来说，媒介早已经是生活中的"必选项"，甚至成为一种嵌入个人经验的生活"展开方式"和"底层逻辑"。网络信息技术在催生、融合多种媒介形式改变人们媒介接触习惯的同时，也改变了媒介与社会实践的互动关系，使依托媒介产生的网络舆论成为影响社会问题产生、扩散、裂变、动员的关键性因素。从这个角度来看，将大数据引入媒介社会治理不仅仅是技术性的问题，而且是需要融合社会、经济、文化等多维度考量的综合性问题。将大数据引入公共危机事件的网络舆论治理也不仅仅关乎治理效能，更加关乎我们应对未来信息社会发展的基本态度和道路选择。

（本文为 2020 年度陕西省教育厅"视觉修辞视角下的网络意识形态传播研究"项目阶段性研究成果）

---

① 孙秀成，韩璞庚，汪业周.虚拟社会的现实转向与推进原则［J］.江西社会科学，2018，38（12）：221-227.

"以 5G 为代表的新技术为新闻舆论工作带来的机遇与挑战"应对研究

西北大学新媒体研究院课题组 *

摘要：技术与媒体深度渗透是未来发展的主要趋势，本文通过对 4G 通信技术实施以来的媒体产业变化的系统观察，对 5G 通信技术可能带来的媒体环境、技术与产业变化进行系统分析，深入调研业界观点和专家意见，针对技术发展背景下陕西省媒体的发展困境，从思想融合、技术融合、制度融合、资源融合的维度提出相应的发展建议和行动策略建议。

关键词：5G；公共危机事件；舆论引导

引言

2019 年 1 月 25 日，中共中央政治局在人民日报社就全媒体时代和媒体融合发展举行第十二次集体学习，习近平总书记指出，"伴随着信息社会不断发展，新兴媒体影响越来越大……推动媒体融合发展、建设全媒体

---

* 课题组负责人刘晓斌，课题组成员赵茹、韩隽、巨高飞、李晓为。

就成为我们面临的一项紧迫课题"，"媒体融合发展整体优势还没有充分发挥出来"。①

中共中央办公厅、国务院办公厅印发了《关于加快推进媒体深度融合发展的意见》（简称《意见》），从重要意义、目标任务、工作原则三个方面明确了媒体深度融合发展的总体要求。②

《意见》指出，把更多优质内容、先进技术、专业人才、项目资金向互联网主阵地汇集、向移动端倾斜，让分散在网下的力量尽快进军网上、深入网上，做大做强网络平台，占领新兴传播阵地；要以先进技术引领、驱动融合发展，用好 5G、大数据、云计算、物联网、区块链、人工智能等信息技术革命成果，加强新技术在新闻传播领域的前瞻性研究和应用，推动关键核心技术自主创新；建立适应全媒体生产传播的一体化组织架构，构建新型采编流程，形成集约高效的内容生产体系和传播链条。

一方面，中央、省、市、县各级部门在加快推进媒体深度融合发展。另一方面，"媒体融合发展整体优势还没有充分发挥出来"。媒体融合的工作已经开展 6 年，各级党委、政府都高度重视，已经取得了初步成效，从中央级媒体融合到县级融媒体中心的建立，我国的媒体融合已经进入深水区。但是新技术的冲击带来的媒体业态、媒体环境转变也成为摆在媒体深度融合面前的现实性问题。随着媒体融合的进一步深入，其中还存在哪些问题？尤其是以 5G 为代表的新技术将给媒体深度融合与发展带来哪些机遇和挑战，各级媒体该如何理解、认识新技术带来的变化，如何采取更为合理的对策和策略？

本文针对"'以 5G 为代表的新技术为新闻舆论工作带来的机遇与挑

---

① 新华网.习近平：推动媒体融合向纵深发展 巩固全党全国人民共同思想基础［EB/OL］.（2019-01-25）. http://www.xinhuanet.com/politics/leaders/2019-01-25/c_1124044208.htm.

② 新华社.中共中央办公厅 国务院办公厅印发《关于加快推进媒体深度融合发展的意见 》［EB/OL］.（2020-09-26）. http://www.gov.cn/zhengce/2020-09-26/content_5547310.htm.

战'应对研究"课题展开，通过对 4G 通信技术实施以来的媒体产业变化的系统观察，对 5G 通信技术可能带来的媒体环境、技术与产业变化进行系统分析，深入调研业界观点和专家意见，提出相应的发展建议和行动策略建议。

一、技术变革下媒体格局的发展现状

（一）新技术对媒体行业的冲击与挑战

《2019 中国互联网广告发展报告》显示，我国互联网广告总收入已达 4367 亿元。[①] 中国互联网广告收入 TOP10 由高到低分别为阿里巴巴、字节跳动、百度、腾讯、京东、美团点评、新浪、小米、奇虎 360 和 58 同城，这些企业集中了中国互联网广告份额的 94.85%，较 2018 年同期数据增加了 2.18%，头部效应进一步凸显。

在 2011 年，陕西广播电视台（陕西广电融媒体集团）的广告收入还与百度和腾讯差距不大，但现在已相差甚远。而 2020 年全年营收目标要超 2200 亿元的字节跳动公司（今日头条与抖音的母公司）是 2012 年才创建的。可以说，在过去十年甚至是二十年对媒体格局影响最大、最重要的变量就是技术变革。尤其在移动互联网这波媒体变革中，"智能手机 + 社交媒体 +4G"构建了最核心的变革模式。

从 2009 年新浪推出微博平台到 2010 年 iPhone 4 实现市场销售"刷屏"，带动智能手机强势增长。当年中国智能手机出货 7000 万部，移动媒体的市场潜力和社会影响力日益增加。2012 年，中国智能手机出货 2.5 亿部。同年今日头条 1.0 发布。快手从工具应用转型为短视频社区。报纸广

---

① 央视网.《2019 中国互联网广告发展报告》发布 2019 年我国互联网广告总收入约 4367 亿元人民币［EB/OL］.（2021-01-13）. http://www.ce.cn/cysc/tech/gd2012/202001/13/t20200113_34113915.shtml.

告出现拐点，开始由增长转为下降。从传统媒体到互联网媒体，再到移动媒体的巨大变革，带来的不仅是信息获取方式和渠道的变革，更是移动媒体市场的整合与重组。2013 年，中国智能手机出货 4.2 亿部，微信 5.0 有了微信支付、公众号 / 服务号和进化了的扫一扫。中国三大运营商获颁发 4G 牌照。曾创市值 2000 亿欧元的诺基亚手机业务被以 72 亿美元的价格卖给微软。

在巨大的经济效益和市场潜力裹挟下，是移动媒体对公众碎片化时间和信息获取终端的占领，而在"注意力时代"，这种资源的抢夺给媒体行业带来前所未有的冲击。2015 年，微信 6.1 发布微信红包，腾讯、阿里巴巴展开移动支付大战。全国报纸零售总量下滑 41.14%，其中都市报业下滑 50.8%。2016 年，抖音上线。2017 年，全国电视广告下滑。传统媒体在市场化的浪潮中受众流失、后劲不足，陷入发展困境。

以"智能手机 + 社交媒体 +4G"所构建的媒体环境打破了用户在固定地点的信息消费模式，让用户从此 24 小时在线；挖掘了用户时间"碎片"，催生了"碎片化"的信息消费形式；打破了信息生产的专业门槛，让普通用户也可以从纯粹的"信息消费者"变身为"信息生产者"；打破了中心节点对信息供应的垄断，海量信息带来信息爆炸时代的"用户主权"和"信息过载"焦虑；打破了专业人主导的信息价值判断，算法推送迎合了用户喜好，带来了"信息茧房"的担忧；打破了传统的广告蛋糕，信息流广告、社交广告和精准推送、数字化营销击穿了传统的广告逻辑，马太效应显现，平台成为大赢家。而这些技术延伸开来使移动传播具有了传统媒体无可比拟的优势，在内部矛盾与外部环境压力的双重推动下，媒体融合被提上日程。

技术的演进改变了信息采集、生产、发布和商业变现的底层逻辑，也打破了很多准入限制。一些具有垄断效应的牌照资源价值缩水，也让原来传媒之间的界墙，如同"井田"一般成了遗存。传媒产业链上出现了越来越多的"混业"特征。技术对媒体生产流程的消解为处在媒体融合十字路口的传统媒体敲响了警钟，各家媒体纷纷开始涉足新媒体市场，主动适应用户信心获取方式和获取习惯的变化，将新媒体技术纳入新闻生产流程之中。原来井水不犯河水的广播、电视、报纸、通讯社、互联网，都能拿出"从文字到图片到音频到视频到社交媒体到客户端到直播到短视频到小程序的一体化传播解决方案"。

媒体界墙的打破，也打破了传统的媒体管理逻辑。过去，编辑记者运用资源为媒体增加影响力，经营者运用资源为媒体获取收益。媒体和从业者之间，某种程度上来讲，是农场主和农场雇工的关系。雇工干什么活儿、干多少活儿、干得好不好、拿多少工钱，都是农场主说了算，因为核心生产资源是他提供的，离开这些资源，雇工的价值难以体现。新的问题是，原来流经农场的河流改道了，失去了水源的农场要寻找新的土地开垦经营。怎么找地、怎么开垦、怎么经营，都和原来的土地关系不大了，媒体和从业者之间，变成了拓荒团和拓荒者之间的关系。

拓荒团能提供的只有一个旗号和基本的拓荒物资，需要拓荒者作出找地、垦荒、精心耕作的努力。拓荒团的价值取决于有多少精锐拓荒者愿意在他的旗号下投入力量参与拓荒。这个时候，如果拓荒团不能和拓荒者重新建立起有效激励、协作共赢的联盟关系，而是依然要维护农场主式的强势角色，按老规矩进行价值判定、资源分配。存粮耗尽、支援中断之日，就是组织权威和管理权威尽丧之时。

5G 时代，技术仍将是最大变量。当"AI、VR/AR、大数据、云计算"与 5G 叠加，将对现有媒体格局和媒体环境形成更强烈的冲击。5G 构建的万物互联，可能意味着一个新的数字媒介世界的开始。对新技术的敏感度和创新使用的能力，很有可能将是各类媒体的核心竞争力。AI（人工智能）将会成为各行业成为模块化的通用工具。专家认为，从 4∶1 胜李世石的阿尔法狗，到狂扫围棋界的阿尔法 Master，再到不学人类棋谱只学基本规则、3 天赢了阿尔法狗、21 天赢了阿尔法 Master 的阿尔法零，整个演进不到一年。这一变化体现出新闻媒体行业在数据新闻、写稿机器人、AI 合成主播等新技术对专业化新闻生产流程的介入。尽管当前的人工智能主播和写稿机器人看起来还不够智能，水平不高，但其在某种程度上代表了未来技术与媒体发展的融合趋势。

（二）自媒体对媒体发展规律的影响

信息技术的发展变革，极大地降低了内容生产和传播的成本，让普通人也可以以媒体的方式展开信息的搜集、创作和传播，构成了让传统主流媒体十分困扰但不得不面对的强大自媒体力量。

"自媒体"（We Media）一词最早由美国学者谢因·鲍曼和克里斯·威利斯提出，且于2003年7月在美国新闻协会媒体中心发布的一份研究报告中对其进行了释义，"自媒体是普通大众经由数字科技强化、与全球知识体系相连之后，一种开始理解普通大众如何提供与分享他们本身的事实和新闻的途径"[①]。一个时代的代表性事件、具有革命推动性的事物或是由此产生的效果等都可能会成为一个时代的特写或是表征，而自媒体相对于传统媒介而言，以其自身独有的公众广泛参与、高效互动、传播快速、传播效果显著等特征，成为过去10年来最为强烈的传播现象。

1. 自媒体爆发的底层逻辑

千变万化的传播事件演变的底层，有一个漫长时代稳定运行的技术和产业的发展逻辑，就是用"更少能量传递更多信息"。从烽火传讯、快马递信到报纸、广播、电视，每一种新传媒形式对旧传媒形式的替代，无一不遵循了"更少能量传递更多信息"法则。

相比于传统媒体中心化的内容生产和发布方式，每一个新闻事件的当事人，或者独立观点的持有人直接进行信息发布所消耗的能量，远远低于媒体进行信息收集、整理、加工、发布所消耗的能量；而通过社交媒体直接触达新闻源头或观点源头的网友，所获得的信息的丰富程度，也同样远

---

① 陈鑫.自媒体发展的机遇与挑战：以微信平台为例［J］.中国传媒科技，2013（14）：39-40.

超被剪裁加工过的媒体发布。

自媒体的出现和发展，是"更少能量传递更多信息"法则驱动下的社会发展的必然。但量变导致质变，从古老的信息发布到报纸、广播、电视的中心化的传统媒体时代，一直是少数人生产信息，多数人接受或消费信息。进入自媒体时代，因为信息生产、传播的成本无限趋近于零，信息生产的"能量门槛"被打破，每一个人在理论上都可以成为信息的生产者和发布者，信息生产者趋于无穷多，甚至等同于信息接受者和消费者的数量。"自媒体时代"的来临，使信息传播生态发生深刻的变革。自媒体网络舆情汹涌，给社会舆论治理带来了诸多挑战，[①] 整个社会的传播结构、传播形态发生了根本性的改变。

2. 自媒体对媒体生态变革的影响

伴随着移动互联网的高速发展，媒介的形态和种类均发生了巨大的变化，智能终端、微博、微信等新媒介的大量涌现，使得媒介与个人生活进一步融合，媒介真正地成为"人的延伸"[②]。当前的自媒体发展过程中，体现出了社会事务参与广泛、技术影响驱动、产业形态多元等诸多特点。

（1）社会事务参与广泛。

在传统信息传播机制中，民众很少有公开表达观点的能力，因此很难参与关于社会事务的讨论。同时，大多数民众对社会发展信息掌握不足，参与社会事务成本高昂，参与途径稀缺等限制了民众对社会事务的参与。自媒体所创造的"人人表达"舆论空间，为公众广泛参与社会事务创造了低成本、高效率的条件；自媒体因其依靠的现代通信手段使用的便利性而突破了媒介主体的界域，形成了"人人都可为通讯社"的媒体发布格局。[③]

① 高健.自媒体时代社会舆论传播、演化和引导的全过程研究：评《社会舆论传播、演化和引导——网络建模与仿真视角》[J].新闻界，2020（6）：95.
② 张小凡.当前自媒体发展的特点与趋势分析 [J].北京邮电大学学报（社会科学版），2015，17（5）：1-5.
③ 李栓久，郭立琼.加强和创新社会管理视阈下自媒体的社会舆论场分析 [J].西南民族大学学报（人文社会科学版），2013，34（4）：163-166.

这种状态下传统的信息单向流动被打破，媒体的信息主导权一定程度上被分化，公众不再是"沉默的大多数"，自媒体也逐渐成为公民行使参与权、监督权、表达权的新途径。

在近年来的社会热点事件中，网民积极表达意见观点，得到了政府和社会各界的广泛关注，影响了众多事件的发展进程，并在一定程度上推动了社会向更加法制、更加科学等积极方面的改善。同时，政府部门也越来越重视、越来越善于通过自媒体平台了解民生意见，掌握社情民意，并形成了很多积极有效的工作机制和互动机制。这些举动进一步激发了民众通过自媒体平台参与社会事务的积极性，提高了公众社会参与度，也让自媒体成为最为公众接受的社会参与工具。

（2）技术影响驱动。

自媒体时代是随着信息技术和信息产业发展而到来的，是智能手机、社交媒体和通信技术广泛应用共同催生出的社会现象。在现实演变中，自媒体也体现了很强的技术影响驱动的特征。当前，对自媒体发展最重要的技术驱动力是移动互联网和新兴数字技术。

移动互联网技术的发展使得人们可以使用零碎的时间从网上获得信息，而自媒体则是用户时间零碎化情境下的得益者之一。伴随社会化传播的兴起，具有"草根"发声与技术赋权特点的自媒体成为新新闻生态的重要行动者。[①] 在此环境下，自媒体作者的产出成果也有别于传统媒体严肃、规范的风格，因为需要照顾到零碎时间下用户的精力与习惯，自媒体的产出可读性、可听性、可观性更强，对用户产生了更强的吸引力。这种风格的内容在 4G 网络的推动下发展到极致，就促成了视听效果、娱乐效果更强的短视频模式，自媒体的拟人属性被强化，人们对创作者本人的关注已经开始不亚于对创作内容的关注。

以人工智能、大数据为代表的新兴数字技术为自媒体的崛起提供了

---

① 张志安，陈子亮.自媒体的叙事特征、社会功能及公共价值［J］.新闻与写作，2018（9）：72-77.

有力支持。传统媒体难以向用户群体提供定制化的内容服务，但自媒体不同，自媒体自带的特征风格为其在细分领域的深入挖掘奠定了基础。在大数据技术的支持下，细分领域的自媒体能够借助精准营销工具将内容向领域内的用户进行精准投放，不仅减少了用户的搜索成本，也催生了多元垂直细分领域的内容生态。这些精准营销的技术，使每个细分领域都可以得到充足的发展，为不同类型的用户创造了定制化的内容服务。

（3）自媒体产业形态多元。

除了创造社会事务参与的便捷通道和获得新技术的赋能之外，自媒体产业价值的充分展现，也是自媒体能够蓬勃发展的重要动力。自媒体的产业价值有轻资产的特征，借助大型流量平台聚合海量粉丝用户，通过内容变现或粉丝变现等赢利模式实现价值变现。

广告宣传模式是自媒体变现的第一种方式。自媒体的广告宣传不同于传统媒体，有较强的自我属性。自媒体的广告宣传既要符合商家商品销售的需求，也要符合自媒体自身的风格特点。对广告主来说，这种模式下的广告投放更加精准，付费也更为低廉。传统媒体的广告蛋糕因此被切走了不少。会员收费模式是自媒体变现的第二种方式。除了向用户提供基础的免费服务外，自媒体还可以为特定人群提供增值服务获取收益。这种赢利模式是建立在互联网免费模式基础上的用户价值转化。版权付费模式是自媒体对优质内容资本价值变现的第三种方式。拥有优质内容资源的自媒体，往往在提供免费入门内容的基础上，为更有深度、更有价值的内容设置付费门槛。一般情况下，自媒体与平台对内容收费获得的收入按比例分配，因为内容收费需要平台的技术与支付服务才能完成。用户打赏模式是相较于传统媒体而言的自媒体的优势所在，也是自媒体内容变现的第四种方式。从形式来看，用户打赏类似于付费阅读，但实质上用户打赏没有强制要求，而依赖于用户的主观选择，因此增强了用户体验。除了优质的内容产出之外，也有部分的自媒体通过娱乐讨好用户的方式获得打赏收入。

除此之外，平台服务模式、商业运作模式、付费培训模式、O2O运营模式等多元化内容变现模式也让自媒体建立起从内容生产到商业运作的一体市场化模式，由此诞生了 MCN（Multi-Channel Network，多频道网络）通过资本运作等方式建设自媒体联盟，再利用大流量自媒体孵化小型自媒体，从而获得团体性的成功，一定程度上标志着自媒体行业发展正走向成熟。

（三）晋级全媒体阶段倒逼治理提升

在以 5G 技术为代表的新技术影响下的传媒时代，"更少能量传递更多信息"的法则不会变，民众可以用于生产传播内容的工具和平台会更加丰富，传播形式和手段也会更加多样，更多的内容生产者、更丰富的内容是社会发展的必然，由此会带来两个问题：一是更多生产者带来的个人表达权利继续扩张和监管困难；二是更加丰富的内容带来的冗余过剩和低价值信息泛滥。

当自媒体时代升级到全媒体时代，自媒体时代遗留的社会治理等诸多问题，没有得到根本性的改善和解决，而随着信息传播技术的继续快速升级，社会治理能力和自我约束规范方面的不足和缺失将更加严重，也将倒逼社会治理和自我管理衍生出新的逻辑和规则。一方面，自媒体将迎来更为严格和全面的管理和治理；另一方面，自媒体的种类数量还将因更多新媒体技术和新媒体工具的推广使用获得更大的发展和扩张。面对这一形势，怎样"以开放平台吸引广大用户参与新闻信息生产传播"，如何"建好全媒体时代的'通联部''群工部'，发展壮大通讯员、评论员队伍"，怎样调动更广泛的社会力量参与社会主流价值观内容的生产，"生产更多真实客观的新闻报道，提供更多观点鲜明的言论评论，不断丰富优质信息内容"，成为主流媒体新的使命任务，也成为其新的发展机遇。

（四）技术变革时代陕西媒体发展观察

业界普遍认为，陕西有成功的媒体，但没有现象级媒体。比如兰州的

《读者》，长沙的湖南卫视、《体坛周报》，广州的《新周刊》《南方都市报》《南方周末》，互联网门户时代的新浪、网易，网络论坛时代海南的天涯，社交媒体时代的微博、微信，媒体大转型时代上海的"澎湃"，垂直传媒时代的虎嗅、钛媒体，知识社交平台果壳、知乎、丁香园，知识付费平台得到，以及算法时代的今日头条，短视频时代的快手和抖音等。

现象级媒体的缺失不代表陕西缺乏媒体融合进程下的积极探索。PC互联网爆发前夜，陕西有过古城热线；互联网时代曾有游戏媒体网站游久网。传统媒体中，华商传媒在西安地区很成功，还走出西安地区，一度在全国多个省市构建起区域影响力；在传媒之外的业务里，"华商"是西安地区办车展办得最好的媒体；"华商"对房地产门户网站 House365 的投资也非常成功。2011 年 9 月 28 日，《华商报》单日广告进账达到惊人的 1500 万元（另有说是 1100 万元）。根据中国广告协会的数据，2011 年《华商报》的广告营业额是 6.06 亿元。2001 年，陕西电视台与陕西有线电视台合并，陕西 1 套、2 套等地面频道非常成功，尤其是民生新闻栏目《都市快报》不仅影响力爆棚，也成长为吸金利器。

陕西广播电视台试图通过卫视实现突破，2011 年陕西广播电视台广告收入 7.38 亿元，如果加上陕西人民广播电台的 2.05 亿元，陕西广播电视台在 2011 年的广告收入只比腾讯少 1900 万元，比百度还多 4300 万元。

随着移动互联网＋、云计算、大数据等技术的迅猛发展，媒体格局和舆论生态发生了深刻变化，传统媒体面临巨大挑战。加快推动媒体融合成为全国各家媒体探索发展的必然课题。在此大环境下，近年来，陕西省政府及相关部门、各级新闻单位高度重视传统媒体与新兴媒体融合发展工作，将该项工作作为近年的重点工作来抓，各大媒体积极投身媒体融合发展事业，传统媒体与新兴媒体融合发展工作取得了一定成效。

传统媒体与新兴媒体融合体制机制建设加快，稳步推进媒体融合发展。媒体部门充分发挥传统媒体和新兴媒体各自的优势，使传统媒体与新兴媒体优势互补、相互促进。一方面，发挥传统主流媒体的权威性、公信力、影响力及政府资源优势，提升了宣传效果；另一方面，利用互联网技术突破地方媒体区域性覆盖的限制，实现了全媒体、全用户覆盖，提升了影响力。在此基础上形成融媒体矩阵，如《华商报》的"一报一网一微"多端。

内容生产、传播方式、服务及运营模式向媒体融合方向靠拢。目前，陕西省各大主流媒体在已有传统媒体的基础上，建立了由多个网站、移动客户端及微博、微信等组成的多媒体传播平台，如陕西广播电视台建立的"丝路云"融媒体信息服务平台。同时对新闻采编资源共享和传播机制也进行了创新，新闻资源全媒体协作机制基本成型，如2017年2月11日，华商全媒体播出的节目《老兵回家》，直播滞留印度54年的中国老兵王琪终于回到家乡陕西，在线观看人数达536.4万人次，《华商报》报纸端随后跟进深度报道，初步达成了媒体融合的效果。

技术研发、人才队伍全方位为媒体融合发展服务。技术研发工作以融媒体平台建设为方向，不断完善以云平台、大数据等先进技术为核心的融媒体技术支撑体系。根据媒体融合发展的要求，积极打造全媒体采编队伍，以西安广播电视台为例，其融媒体团队共有编辑记者300多人，其中120人是新媒体人员。

建立了相应的管理制度、考核机制以配合媒体融合发展工作。各媒体集团成立了媒体融合工作组、研究室，并逐步在管理制度上进行重大改革，如施行全媒体考核机制，重新制定考核评价标准。通过制度激励，使传统媒体记者有意识地向新媒体靠拢。

二、5G背景下媒体新闻舆论工作的困境与思考

（一）技术变革下的传播定律与媒体困惑

技术不断渗透与媒体融合的特点，使所传播的信息量大且难以系统

化，以信息碎片的方式散布于网络之中。①技术赋权下每一个人公开进行信息传播和自由表达的能力及公民的言论自由权利得到极大声张的同时，也出现了整个社会面对信息供应能力爆炸式增长时的治理能力不足，以及个人在自媒体传播中自我约束规范意识的缺失，并因此形成一些值得研究关注的新"传播定律"。而媒体面对这些突如其来的变化，或是在技术融合与思想融合下疲于应对，或是在技术浪潮中导向缺失，越发困惑。

1. 蜂拥而上定律引发的盲目从众

这类似经济学中的羊群效应。羊群是一种很散乱的组织，平时在一起也是盲目地左冲右撞，一旦有一只羊动起来，其他的羊也会不假思索地一哄而上，全然不顾前面可能有狼或者不远处有更好的草。技术赋权下公民新闻炒作更容易产生盲从。一个新闻或者事件一旦被一家媒体报道了，其他媒体会蜂拥而上，迅速把这一事件演化成热点新闻，即使这一事件可能是假新闻。从新冠肺炎疫情期间自媒体发布的疫情信息，公众面对自媒体信息的狂轰滥炸引发的盲目从众，不仅造成了一次次的舆论危机，而且延伸到现实生活中的行动，也给正常的社会秩序带来一定的影响。在海量信息的虚拟空间，技术裹挟着公众掌握着话语权，媒体在信息海洋中愈加迷茫与困惑。

2. "你强你有罪"定律催生的网络暴力

2013年，由中国社会科学院新闻与传播研究所和社会科学文献出版社共同发布的《中国新媒体发展报告》指出，"三低人群"，即低学历、低年龄、低收入人群依然是微博主力军。月收入5000元以下的微博用户占90.07%。由于在现实生活中体验困苦、愤懑，这些网民对不公平有天然的反感。一旦某些社会优势人群发生新闻事件，很容易被贴上刻板标签，在未被调查或者事实尚不清楚的情况下就成为被批评攻击的对象。这种技术裹挟下的群体网络暴力，不仅是对媒体舆论话语权的冲击，更是对网络舆

---

① 徐旭光.自媒体时代网络治理的困境与出路［J］.电子政务，2016（7）：27-33.

论生态秩序的破坏。而媒体议程在这一过程中不仅没有起到良好的舆论引导，而且一定程度上受到公众议程的制约，成为网络暴力与舆论此生危机的推动者，媒体审判也在虚拟空间的网络舆论中愈演愈烈。

3. 逆火效应下的真实性困境

逆火效应（the backfire effect）是指当一个错误的信息被更正后，如果更正的信息与人原本的看法相违背，它反而会加深人们对这条（原本）错误的信息的信任。在网络舆论冲突中，越是努力澄清事实，却越是被更猛烈地指责、攻击。这是因为人在被动地接受信息轰炸时，会有一种保护自己的既有观点不受外来信息侵害的本能。慢慢地，逆火效应就会让你对自己的怀疑越来越少，最终把自己的看法当作是理所当然的事实。

4. 兔女郎定律诱发的庸俗娱乐化倾向

2018年11月11日微信公众平台公布，针对内容低俗、标题党、传播谣言、抄袭侵权、刷量刷粉、恶意和重复侵权行为等乱象，共封禁各类低俗账号超过18万个，删除相关文章31万篇。[①]这种新媒体平台的内容导向缺失一定程度上反映了市场化过程中庸俗娱乐主义倾向。报业时代的黄色新闻，是追逐利润不择手段竞争的产物。自媒体时代的低俗审美泛滥，既有点击率等商业利益的利益诱导，更有部分网民乐于追逐"三俗内容"与新媒体平台有意放松监管的"合谋"。在自媒体的冲击下，新闻媒体各类案件报道也往往被聚焦桃色元素以吸引公众眼球，这种将硬新闻软化、软新闻娱乐化的倾向愈演愈烈，也使得新闻媒体在市场化浪潮中出现价值导向缺失。如果说自媒体的价值导向缺失是缺乏专业素养，那么传统媒体的庸俗娱乐化倾向就是市场化转型过程中的新闻价值失范。在新媒体和传统媒体娱乐化双向支撑下的公众逐渐沉迷于娱乐与八卦中，对于与公众生活

---

① 大世界，腾讯科技.2018年微信封禁低俗类账号18万个［EB/OL］.（2018-11-12）. https://cq.qq.com/a/20181112/004813.htm；江凌，徐雨菲，颜欣雨.当前自媒体乱象及其治理路径探析［J］.新闻爱好者，2019（1）：8-13.

密切相关的社会公共事务缺乏参与热情和信心，网络舆论越发情绪化，媒体想要通过舆论引导社会问题讨论和反思的社会基础就会逐渐瓦解，舆论治理也就无从谈起。虽然这一现象随着媒体融合会朝着什么方向发展仍然有待观察，但是由此引发的新闻价值滞后于舆论引导困境成为亟待解决的问题。

5. 芝麻比西瓜大定律的选择性接受困境

新媒体时代，最受关注的往往不是最重要的。一场宏大表演的成功，远远没有一个乐手失足掉入乐池更被人津津乐道。因为知识结构和理解力的局限，人们更愿意对自己熟悉或能理解的事务表示关注、发表观点，一些真正重要但相对复杂的事件和社会议题往往因此得不到关注和支持。人类的认知很大程度上受文化的制约，文化不仅提供了解释认知的基础，而且引导我们选择与归纳认知的对象。同时，认知的主观与局部性很容易发展成所谓的定型观念与偏见，① 这也是造成选择性偏见的主要原因。当前技术不断渗透下，新闻媒体依靠算法推荐和大数据等新技术重构了用户信息获取方式。

过滤气泡（filter bubbles）是《金融时报》专栏作家迈克尔·斯卡平克提出的概念，主要指以大数据、人工智能技术为底层架构的网络平台通过捕捉公众的网页浏览习惯、消费记录、运动轨迹等信息基于算法推荐技术对网页信息进行深度检索筛选，最终形成用户个性化的浏览空间。所有由算法构造的过滤器组成了"过滤气泡"，每个人的"过滤气泡"取决于个人网络生活的独特信息，包括你是谁、你做了什么，而每个人的"过滤气泡"也决定了你在网上能看到什么。② 一方面，这种个性化信息服务表面上看是便利了用户的信息获取需求，但实质上是以牺牲隐私权为代价的，由

① 孙芊芊.跨文化传播视角下的文化认知与选择性接受：以日本热血动漫为例[J].云南师范大学学报（哲学社会科学版），2019，51（6）：94-103.

② 王斌，李宛真.如何戳破"过滤气泡"算法推送新闻中的认知窄化及其规避[J].新闻与写作，2018（9）：20-26.

此导致了网络犯罪、隐私侵犯，另一方面，新兴网络技术所导致的"过滤气泡"现象会使得用户的认知进一步窄化甚至单向化，并将用户牢牢地包裹在他们已有的意识形态气泡之中。[①] 这样的公众基础下网络舆论层次化也就不难理解。这种现象既在一定程度上消解了新闻媒体的社会公信力，也让群体意见讨论与公共事务参与意见越发难以集中，新闻舆论场域分化愈演愈烈，舆论治理环境愈加复杂。

6.7 秒钟定律下的理性思考缺失

有说法称金鱼只有 7 秒的记忆。从微博的 140 个字、朋友圈的图片加短文字到抖音、快手等短视频平台为用户创造的 15 秒观看体验，新媒体呈现出强烈的碎片化传播趋势。新媒体时代信息碎片化成为整个社会信息传播的常态，零散的信息呈现形式造成纷繁复杂的多样化信息结构，打破了传统媒体背景下信息完整的呈现方式，使得意识形态管理权效能弱化，管理权被新媒体分散，主流意识形态影响力下降甚至受到质疑。[②] 满足于碎片化且即时兑现的阅读体验的用户没有耐心了解事件的全貌，容易被一些细节和情绪化的内容诱导，之后又很快被另一些细节和内容吸引。如今经常上演的各种舆情反转，往往并不是因为事件本身有多复杂，而只是网民没有耐心根据更全面的信息作出有思考的独立判断。

（二）技术变革下陕西媒体发展困境分析

《陕西日报》、《三秦都市报》、《西安晚报》、西安广播电视台等媒体，都有过自己的高光时刻。但是，陕西媒体获得的成功，大多是通过学习别人的成功模式，再努力把这个模式做到极致来实现的。在模式价值被最大挖掘之后，迷失成了难以逃避的宿命。

---

① 许志源，唐维庸.2016美国大选所透射的"过滤气泡"现象与启示［J］.传媒，2017（16）：54-56.

② 李雪梅.新媒体时代信息碎片化对意识形态管理权的影响［J］.新闻爱好者，2020（8）：48-51.

1. 套用式模仿与创新不足

《华商报》向《华西都市报》学习都市报模式，学得很成功，但没有达到《南方都市报》和《新京报》的高度。陕台民生新闻学江苏，娱乐学湖南，但影响力没有走出陕西。尽管拿到了全国少有的第二个卫视牌照——农林卫视，但显然没有用好这张牌。

在互联网和移动端，陕西媒体也有不懈的努力和尝试，但都不太成功。陕西媒体比较早就意识到"挣钱靠广告"的危险，但左冲右突的尝试，除了极少数成功个案，大都是"试错"之后的自我否定，也因此关闭了很多可能的路径和通道。在别人探好的道路上跑得很成功的陕西媒体，为什么没有探出一条属于自己的新路？陕西媒体为什么不能做得再大一些？对于类似的问题，陕西媒体人很多年前就有反思，但找出的症结多半是"陕西经济不行"、"优质企业或品牌企业太少"或"陕西人口总量不高"等。

2. 目标导向缺失

不知道该向谁学习，是陕西媒体当前的最大困惑。放眼国内和国外，不管怎么参观考察和学习，就是找不到一个别人家的"新成功模式"可以全面学习模仿。这个困境具象在 21 世纪前十年陕西最成功的两大媒体——陕西广播电视台和华商传媒，或者可以换一个问问题的方式："在媒体最成功的时刻，在现金流最好的日子，为什么没有实现向下一个增长的跳跃？不管是从区域媒体跃升成为全国性媒体，还是从单纯依赖广告的传统媒体跃升成为多业并举的现代传媒产业集团，或者是构建起新的增长逻辑？"

经济学有个术语叫作"路径依赖"，"如果在过去五到十年内，你都通过采用某一策略获得了持续的超额收益，那么你很难意识到这种策略可能是错误的。在内外部环境发生变化以后，即使经历了一两年的失效，大多数人都会继续相信并采用这一策略"[①]。赶上电视的黄金十年和都市报浪

---

① 雪球. 成功的投资者需要摆脱"路径依赖"［EB/OL］.（2020-02-13）. https://xueqiu.com/6589307409/141171741.

潮的陕西两大传媒，非常相信所获得的成功主要是基于自己够努力和工作方式的正确。华商传媒极度追求执行力和成本控制的管理文化，在遇到崇尚创新力、创造力的互联网时代、移动互联时代，出现种种不适应、不契合之后，采取的对策却是更追求执行力和成本控制。

三、国内外应对技术变革的媒体案例

（一）纽约时报的媒体融合案例

《纽约时报》为美国纽约时报公司的旗舰产品，原为创刊于 1851 年 9 月 18 日的《纽约每日时报》，1857 年 9 月 14 日改用现名。《纽约时报》是一份在纽约出版的日报，在全世界发行，有相当的影响力，是美国高级报纸严肃刊物的代表，长期以来拥有良好的公信力和权威性。因其风格古典严肃，也被戏称为"灰色女士"或简称为《时报》。截至 2016 年，《纽约时报》已经获得过 119 次普利策新闻奖。

《纽约时报》在新媒体应用和媒体转型过程中，从最初的母报电子版延伸发展为独立综合的信息服务平台，在数字化的浪潮中开辟了一条独具特色的发展道路。开发不同的 App、制作 VR 新闻电影、开始视频直播……目前，《纽约时报》的网上付费订阅读者已经超过 100 万，数字广告收入也在增长。

1. 纽约时报的媒介融合探索之路

纽约时报公司的媒介融合探索之路以 1995 年建立报纸、广播、杂志业务各自的在线传播平台为起点。其本质是报业公司不断进行内部创新的过程，包括：

（1）斥巨资采用新技术来改革管理方式和内容生产方式，为多媒体融合提供完备的硬件设施；

（2）优化网络内容收费策略，从倡导到实施，再到创新的重新定义组合，完成了新的网站收费制度，使其成为业界借鉴的榜样。

具体来说，纽约时报公司的媒介融合大致经历了三次战略调整。1995年，纽约时报公司在高层的领导下开启了新媒体转型。1995—2000年，公司实行全媒体路线，处于整体经营稳定上升阶段，先后建立了30多个不同类型的网站，在报纸、杂志、电视、广播及互联网等各主流媒体领域实行独立运营、发展，形成了全媒体、多平台、多产业布局，达到了经营巅峰。到1998年，nytimes.com和boston.com已经成为美国报业公司中最优秀的新闻网站和地区门户网站。

2000年开始，传统报业市场受到新型数字媒体的冲击，纽约时报公司业绩下滑，陷入了运营困境，新一轮的业务战略调整拉开帷幕。纽约时报公司针对网络业务，将各种传统媒体下的网站单独剥离，实行单独采编、独立核算和经营；针对各业务的市场地位和成长力问题，在报纸业务方面，采取增收和节支双管齐下的策略，巩固报纸业务的核心地位；清理亏损的杂志业务，将其资源转移到报纸和新兴的网络业务中。此次调整使得网络业务摆脱了传统媒体的思维方式，运营情况明显改善，网站流量迅速增加，数字业务收入大幅增长，并于2002年开始赢利。2003年，nytimes.com当选为最佳报纸网络版，boston.com则成为全美访问量最大的地区性网站。

2004年，纽约时报公司再次开展业务收缩战略调整，以新闻和广播为核心业务，进行报网组合，推动核心业务基于网络平台的多媒体转型；相继售出电视、广播等非核心业务，专注于报纸业务。2005年，纽约时报公司收购了About.com等一系列综合信息服务网络平台，开始从"媒体公司"向"内容提供者"转型。这次调整取得了良好的效果。报网互动强化了新闻网站的优势，《纽约时报》网络版在2004年和2005年连续两年被评为全美最佳报纸网络版。2012年，纽约时报集团售出旗下16家地方报纸和网站。2013年8月，纽约时报集团以7000万美元售出旗下购入价为11亿美元的《波士顿环球报》及新英格兰媒体资产。同年10月，纽约时报集团将旗下《国际先驱论坛报》更名为《国际纽约时报》，以强化其核心资产——《纽约时报》的全球品牌效应。发展至此，纽约时报集团成为只拥有《纽约时报》的报业集团。

2. 布局视频直播

《纽约时报》是较早开始视频直播的媒体。2016 年 4 月，《纽约时报》开始与 Facebook Live 直播平台合作。《纽约时报》发现记者非常喜欢做视频直播：只要把手机举起来录就可以了，方便、快捷、实时的报道，获得了更多受众的喜欢。反过来内容也吸引更多的人付费订阅网络版或 App。此外，可以在直播的视频前插播广告，以及和合作伙伴在视频直播的基础上制作品牌内容。

3. "数字记者"已是新闻编辑部的主力

2018 年 8 月，《纽约时报》刊登了三则最新招聘广告，表示正在寻求负责教育、性别和气候三个领域的专业编辑，而对于他们技能的要求，则远远高过一名普通的日报编辑。在现代的新闻编辑部，除了新闻记者，更多的是摄像师、数字图形处理专家、能写计算机编码的记者、擅长 VR（虚拟现实）技术的专家⋯⋯而且大多数传统的新闻记者也掌握了数字技能，既可以为纸媒写报道，也可以从事数字化（digital）的报道。

新闻的未来是数字化。数字化工具给《纽约时报》带来诸多新机会。新闻报道要以各种形式出现：视频、图片、通信、可视化数据、播客、讨论会等。团队需要作出决策，来确定哪些报道形式是最重要的，哪些不是。

（二）上海报业集团的媒体融合案例

2013 年 10 月 28 日，经中共上海市委批准，由解放日报报业集团和文汇新民联合报业集团整合重组的上海报业集团正式成立。上海报业集团是上海市贯彻落实中央精神，加快传统媒体和新媒体融合发展，打造"形态多样、手段先进、具有强大传播力和竞争力的新型主流媒体"的重要举措。上海报业集团优化报业机构，突出报纸特色，发力新媒体平台。《解放日报》《文汇报》《新民晚报》等主要报纸相继改版，"上观新闻""澎湃新闻""界面"等新媒体项目相继涌现。

1. 报业结构全面优化

上海报业集团组建以来，通过对《新闻晚报》《东方早报》等一批报刊进行休刊和合并，实现了将实际运营报刊（出版社）从集团成立之初的 37 家降为 21 家。经过优化整合，基本消除了内部报刊同质竞争，一些长期亏损的"出血点"及时止损，人员结构得以优化。集团报业主业的架构和布局更为合理。

2. 传统主流媒体战略转型

《解放日报》和上观新闻 App 坚持一体发展，率先走出从相"加"到相"融"的关键一步，迈入"一支队伍、两个平台"的一体化运作新阶段，成为全国省级党报转型发展先行者。《文汇报》和文汇 App 牢牢把握"人文"特色，充分发挥内容生产的传统优势和文脉品牌的深厚积淀，全国影响力提升明显。《新民晚报》以"新民"客户端全面推动媒体融合，"侬好上海"、新民网等系列新媒体产品体现"本地、突发"特色，传播效果显著增强。在媒体融合进程中，传统媒体辉煌厚重的历史文脉、品牌价值得以传承、延续。

3. 新媒体格局初步形成

2018 年初，集团拥有网站、客户端、微博、微信公众号、手机报、搜索引擎中间页、移动端内置聚合分发平台等近 10 种新媒体形态，端口 267 个，新媒体稳定覆盖用户超过 3.2 亿。集团媒体共有移动客户端 12 个，下载总量超过 1.8 亿；共开设微信公众号 193 个，粉丝总数 900 万；共开设微博账号 43 个，粉丝总数 8828 万；共有 PC 端网站 17 个，覆盖用户总数 4252 万。

集团旗下的两大新媒体产品，"澎湃""界面"正实现跨越式发展。"澎湃新闻作为上海乃至全国最具改革活力的新媒体，已发展成中国互联网原创新闻第一品牌。"2016 年底，"澎湃"成功引入 6 家国有战略投资者，进一步扩大先发优势，成为党在互联网时代占领网络舆论阵地的一支"尖兵"。"界面"以内容为优势，正在成为中国反应最迅速、影响范围最广的财经媒体之一。在第三方机构评选的最受白领用户欢迎的手机新闻客户端榜单中，"界面"排名第二，超过新浪、今日头条及腾讯新闻。

4. 采编机制改革激发内容创作活力

继续深化采编专业职务序列改革，进一步激发内部活力。一是要持续发挥各媒体首席记者（编辑）作用，搭平台，聚资源，给项目，让首席牵头负责重大采访、报道项目。二是要深化绩效考核机制，建立一整套符合互联网传播规律的内容综合评价体系、职级晋升制度和绩效考核分配办法。三是要实现采编人员全覆盖，让所有一线采编人员在共同的业务平台和职业空间内施展才干。继续以"澎湃新闻"为试点，实施团队激励方案。"澎湃新闻"团队薪酬激励方案的总体原则是：阶梯成长，聚焦精英；分类评价，绩效导向；多元激励，长期约束；平稳规范，成本可控。方案分类制定了较为完整的职业晋升体系和薪酬体系，让所有员工都能在专业和管理的双通道内自主成长、双向流动，鼓励员工凭绩效争取阶梯式晋升。

（三）从全国两会"媒体大战"看新技术应用

历年两会"媒体大战"，都有媒体新技术应用风向标的意义。各家媒体、厂商会通力合作，在保证内容安全的前提下，开辟一个"新奇特"赛道。比如，2017 年两会上，"钢铁侠"式的全媒体播报装置十分吸引眼球，而之后爆火的手机直播在当年两会报道现场也被广为采用。

2020 年的全国两会媒体大战，虽然受疫情影响，少了媒体记者们贴身"肉博"的火爆镜头，但对媒体应用技术的趋势还是有十分清晰的体现："5G+AI+ 全媒体"。

不过，观摩两会媒体大战还可以有另外一个视角，为什么媒体率先尝试的新技术没有演化为媒体的生产力。"4G+ 直播"成就了千亿级的产业，但和传统主流媒体没多大关系。"5G+AI+全媒体"的时代，传统主流媒体还要继续充当"新技术橱窗"的角色吗？"我们现在的视频连线，实际上是通过 5G+4K 还有 8K 这种高清的显示，所以这么大的屏幕，但我们看起来非常地清晰，非常地真切。"2020 年全国两会"部长通道"，工信部部长苗圩一再强调 5G。

不同于往年"部长通道"媒体熙攘的场面，2020 年因疫情影响记者们都被安排在距离"通道"几千米之外的大会新闻中心驻地，通过 5G 视频与部长们"面对面"交流。5G 加持，坚持了防疫要求，为两会新闻工作顺利进行提供技术支持。这不是 5G 第一次上两会。2019 年 5G 就被用于两会会场的高清直播。记者可以在会场提供的 5G 专用电脑终端上更快捷地上网及传输数据，还可以带上 VR 眼镜观看更清晰的现场直播。而 2020 年两会驻地和人民大会堂所在地，网络条件比以往更为完善。除了 5G+卫星 +8K 实况直播，各家媒体也在全力比拼"5G+ 全媒体"报道的技术含量和展示形式。工信部部长苗圩在"部长通道"介绍，目前中国每周大概增加 1 万多个 5G 基站。4 月，我国 5G 用户一个月增加了 700 多万户，累计已经超过了 3600 万户。"媒体行业已经站在 5G 应用的风口上，5G 将会重塑传播格局。"业界人士认为，5G 将会带来媒体业务融合和平台融合，平台融合将会带来"万物皆媒"。

新华社 2020 年首次推出 5G 全息异地同屏系列访谈，使用 5G 网络传输和全息成像技术，让身在异地的代表与记者跨越时空"相见"。在 5G 网络下，连线两端的记者与采访对象在屏幕中进入同一时空，实现了"面对面"的实时交流。

人民日报智慧媒体研究院推出"5G+AI"模式，打造了 iMedia、iMonitor、iNews 等智慧平台，可以对各类素材进行智能化处理。人民网搭建起虚拟演播厅，让受访者不受场地制约，实现"一键入厅"，与主持人进行实时对话。

中央广播电视总台实现了 5G+8K 实时传输和快速剪辑集成制作，前方记者背着一个"5G+4K/8K"的背包，就能实现两路 4K/8K 外景信号的实时传输。实时收录的多路信号通过人工智能计算，进行人脸检测、动作检测、镜头质量评测、穿帮镜头检测等，生成 AI 剪辑成片。5G+AR 采访眼镜成为"脸盲"型记者的极大福音，不仅可以快速"识别抓取"采访人物，将采访人物的职务、专业领域甚至是记者提前准备的采访提纲等相关信息显示在眼镜右上角的微型屏幕上，还可以第一视角现场直播，只用手势或语音就可以完成视频录制、拍照、直播，还能与后方编辑实现屏幕共享、实时互动。

相较于中央媒体（18 家重点新闻单位），地方媒体的"5G+"新技术应用能力有待提高。广东广播电视台首次亮相了新一代智能媒资系统，共分析视频文件 1500 多个，音频文件接近 1000 个，除重要领导人外，识别地方人大代表 130 多个，地方政协委员 60 多个，完成了视频的结构化分析、智能标引的分类及主题包的推荐等一系列功能的实现。齐鲁网·闪电新闻联合山东移动、华为公司、山东广电视觉科技推出"5G+4K+VR"闪电大直播，推出"AI·智能主播报两会"智媒产品。海南广电融媒体中心通过直播云连线、信号云传输，实现全程云记录，高效云传播。引进"微剪"智能编辑系统，通过智能视频生产工具应用，实现智能化云拆条、精帧化云剪编、矩阵式云分发。

四、面对 5G 带来机遇挑战的传媒发展策略分析

2020 年 5 月，陕西省发布《加快陕西省通信基础设施建设及 5G 创新发展 2020 年行动计划》（简称《行动计划》）。计划 12 月底前累计建成 5G 基站 14 000 个以上，全省核心城区和全运会场馆、重点产业集聚区、重要交通干线、重点旅游景点等功能区 5G 全覆盖，新增 5G 用户 295 万户，新增物联网用户 1000 万户。

《行动计划》提出，12 月底前，"5G+"行动计划成效显著，5G 在智

能制造、智慧教育、智慧医疗、融媒体、文化旅游等重点领域得到广泛应用和深度融合，打造 10 个以上示范应用场景，形成一批特色鲜明、亮点突出、可复制、可推广的应用模式。《行动计划》提出，积极发挥"5G+"在媒体融合发展的引领作用，支持《陕西日报》、陕西广播电视台、陕西广电网络集团与互联网企业在技术、渠道、平台等方面加强 5G 合作，开展"5G+4K/8K 超高清视频"应用示范和创新实验，加快陕西省融媒体中心"5G+"建设，积极推进县级融媒体中心对 5G 技术的应用。12 月底前，打造 5G 融媒体示范应用场景 1 个。

陕西很重视 5G 建设与创新发展，其中关于"5G+ 融媒体"的重点任务，清晰而具体。《行动计划》也为陕西媒体的发展指明了方向。

回顾 2013 年对 4G 应用展开预测的时候，学界、业界普遍认为 4G 的上传速度可以视频直播，因此将成为媒体，尤其是电视记者用以新闻直播的利器，没想到等来的却是移动媒体和全民直播。传统主流媒体几乎错过了整个 4G 时代，在微信、今日头条和抖音、快手等互联网平台的相互竞争中面临着巨大的挑战。5G 时代到来，如何"用好 5G、大数据、云计算、物联网、区块链、人工智能等信息技术革命成果，加强新技术在新闻传播领域的前瞻性研究和应用"，成功打造更具未来发展潜力的新型主流媒体呢？这成为新技术背景下留给媒体发展亟待思考和解决的问题。

内容产品的市场价值是供需关系决定的。在前互联网时代，内容生产成本高，非专业机构、非专业人员很难参与。生产有限而需求旺盛，因此有了央视新闻联播前天气预报节目的超高收视率，有了要在报摊排队购买的《南方周末》和《体坛周报》，也有了很多内容质量一般但也能过日子的媒体。互联网和社交媒体崛起，传媒业第一次被降维，和非专业生产者摆在一起被用户选择，不过还能争取好点的展示位。算法推荐时代，传媒业被二次降维，编辑部最引以为傲的价值判定，被冷冰冰的数据分析和算法推荐取代。这个过程中，供求关系发生根本变化。内容生产成本急剧下降甚至趋于"零成本"，大量业余生产者涌现，内容产量几何级数暴增，但内容需求渐渐趋向"国民阅读总时间"这个增长天花板。

内容产品进入供过于求的阶段，既要拼质量，也要拼成本。互联网时代的好的内容产品，都是不断试错试出来的。成本降不了、质量不出彩，还不知道积累核心用户的内容产品，自然难逃被边缘化的结局。但是，纵观 3G、4G 广泛应用的过程，培养出产品思维的媒体寥寥无几。如果说传媒业的产品思维还是浓度偏低，技术思维就可以用稀缺形容。不重视技术投入，缺少技术思维，不理解技术在媒体变革中的惊人力量，依然把技术当作内容实现的辅助工具，是传媒业的常态。5G 时代，AI、AR、VR、MR、大数据、云计算、区块链等技术都将从概念走向实质，直接运用于内容生产、分发和互动。不构建自身可增长的技术能力，或者不具备对新技术的学习和运用能力，未来就只能完全栖身在别人的平台上。因此，面对技术冲击与媒体融合的进一步发展，陕西省媒体既要抓住新技术变革带来的机遇，也要从思想上深度变革。

（一）思想融合：以思想理念创新引导新技术背景下新闻舆论工作

媒体融合不是旧房翻新，也不是异地重建。把媒体旧有的工作思维、工作模式向移动互联网、向 5G 时代的万物互联划延长线，划不出符合需求的新媒体。这一点，在互联网的门户时代就已经有过验证。媒体融合不是为了解决媒体结构老化、能力退化、管理弱化等错综复杂的旧问题，而是要在新技术条件下、新传播环境中构建主流传播能力，所以说是要在新址建新楼。旧房、旧楼不是乐高积木，可以拆解出一层一层或一间一间，再拼装出来的，那样得到的只能是更差的旧楼。要盖新楼，就要重新选材。旧楼只能全部拆成砖砖瓦瓦，还能用的就用在新楼上，不能用就换新的。2019 年，中宣部部长黄坤明在媒体深度融合工作推进会上讲话指出，媒体融合是一场不容回避的自我革命。对于当前推进此项工作的媒体来说，如果不能把对这项工作的认识提升到"自我革命"这个高度，不能在思维和认知方面有根本性提升和改善，媒体融合效率和效果将难以保证。

传统媒体在长期实践过程中已然形成稳固根基，依靠技术推动和平台转型等外部力量更多只能是推动，只有思想革新才能打通媒体融合与技术延伸之间的鸿沟。在组织之内，让思想、创意、知识充分流动起来，提高组织的创新力；在组织之内，让资源、人才、任务充分流动起来，提高组织的协作力；在组织之外，让组织在环境之中流动起来，快速适应环境变化，随时调整打法和节奏，提高组织的进化力。要建立以内容生产为核心的融媒体新闻生产机制。新闻生产流程要延伸到资料收集、创作采访、创作过程和发表反馈各个环节，确保信息内容全媒体覆盖；要统筹新闻与平台、新闻与编辑、新闻与记者、新闻与新闻之间关系，防止洗稿、改编等破坏知识产权行为，以制度和约束把好新闻生产关。思想融合与技术融合是融媒体发展的两个方面，只有打通两者之间衔接障碍，使新闻生产在内部系统机制和外部严格法规的双重约束下，才能强化自身公信力，掌握舆论治理的主动权。

（二）技术融合：以 5G 等新技术为底层架构搭建新闻舆论治理一体框架

当前，《关于加快推进媒体深度融合发展的意见》对媒体融合提出了清晰的时间表和任务表，对新技术的使用也有明晰的要求。以 5G 为代表的新技术，将推动更强烈的媒体变革。中国教育电视台总编辑胡正荣认为，随着 5G、物联网、人工智能等普及应用，媒体融合窗口期非常迫近，没有建成全媒体的机构媒体将很难再有机会重新按下融合按钮。中国传媒大学新媒体研究院教授赵子忠说，媒体融合离不开先进技术的支撑，先进技术和优质内容都是媒体的核心竞争力。对新技术的理解和掌握，有助于全媒体人才生产优质内容，优化传播效果。

如果 "VR+AI+5G" 是下一代内容爆发的核心模式，会形成平台、应用、内容三个层次的需求：平台层，高技术、高投入、高风险，媒体很难承受；应用层，没有提早储备新技术能力的基本出局，想借助购买服务解决问题的，也会在停不下来的迭代中信心崩溃，能参与这个层面竞争的也是极少数；内容层，多数媒体会被继续锁死在这个劳动密集型的工作层面，被锁死在"内容供应商"的角色上，继续与广大兴致勃勃、不知疲倦的业余生产者展开无休止的竞争。当前，很多媒体融合工作因为种种因素，被包裹和隐藏在"搞大屏、建中心、买设备、造系统"的热闹行动之中。有限的资源没有能集中使用在正确的方向上，这样的媒体融合不仅仅浪费人力物力，更重要的是损失了时间。

新媒体技术的发展为媒体深化舆论治理提供广泛的社会机遇。新闻媒体要善于充分利用新媒体技术的力量占领舆论制高点。具体而言表现在，在大数据、云计算等技术的基础上搭建舆论动态化监管平台，实时掌握舆论走向；充分利用新媒体平台力量建立政府、媒体、公众互动沟通的一体框架，让公众意见有表达，政府治理有窗口。这一方面能够缓解公众的紧张焦虑心理，另一方面也能够使媒体以参与者的身份进入到舆论讨论中去，更有利于发挥舆论引导。

（三）制度融合：以传统媒体为支撑建立完善新媒体动态化、常态化舆论生态治理

新媒体技术催生了网络舆论表达的多元化、动态化，在这一基础上的新闻舆论引导就更加复杂。往往媒体议程还没有起到引导作用，事件就已经在舆论讨论中倒向其他方面。另外，公民新闻的介入也使得公众往往比媒体更能够第一时间发现新闻、第一现象记录新闻。在时效性缺失的情况下，传统的新闻媒体制度跟不上新媒体技术下网络舆论生态的变化，所以媒体的舆论引导往往陷入被动局面。媒体融合要按照先融后强、积极推进、科学发展、规范管理、确保导向的要求，以省级主要媒体为龙头，以重点融合发展项目为抓手，以先进技术为支撑、内容建设为根本、机制创新为动力、队伍建设为基础，积极推动传统媒体和新兴媒体在内容、渠

道、平台、经营、管理等方面的深度融合。创新媒体管理体制机制，规范传播秩序，对网上网下、不同业态进行科学管理、有效管理，确保各类新闻信息产品遵循统一的导向要求和内容标准。

媒体融合的一个层面就是制度融合，新闻媒体要想实现深度舆论引导，必须建立动态化和常态化相配合的舆论生态治理机制，要在突发性事件中实现对舆论事件的第一时间发现、第一时间回应、第一时间参与、第一时间引导，在动态捕捉事件最新进展的基础上，有针对性地进行舆论事件相关问题的梳理，让公众在参与讨论中不仅知道是什么，还要明确为什么，更要指导公众应该怎么做。通过一系列回应和信息呈现，将舆论的控制权重新掌握到媒体手中，让媒体舆论引导从被动转为主动。

（四）资源融合：传统媒体资源与新媒体资源优化配置盘活新闻舆论治理资源

传统媒体相较于新媒体拥有长期新闻媒体实践积累的宝贵经验，无论是人员配置、设备资源还是专业能力都具有无可比拟的优势。新闻媒体在媒体融合的过程中不仅要积极拥抱新媒体技术，更要充分把握并利用好自身的媒体资源。通过深度报道反映公众意见，通过网络新闻专题对公众关心的重大新闻进行报道，通过新闻评论凝聚社会公众力量，弘扬主流价值观。资源融合就是要推进采编流程集约化、数字化改造和移动采编、多媒体采编系统升级，实现新闻信息一次采集、新闻产品多种生成，推动新闻信息生产向实时生产、数据化生产转变。充分发挥融合后的全媒体平台作用，探索线上、线下相融合的信息服务模式。加快本地化、社区化的垂直落地，通过精准服务和多维互动与用户建立紧密联系，最大限度地吸引和留住用户。陕西广播电视台开创的广电智慧社区即通过落地社区、植根群众的指导思想成为拓展用户市场的先行者。

2020年10月20日，由《人民日报》直属《讽刺与幽默》报社策划实施，北京兰亭数字科技有限公司技术支持、中国移动通信集团有限公司、中国电信集团有限公司作为渠道支持的 5G+ 云 VR 产品"人民 VR+"上线仪式在人民日报社新媒体大厦举办。《人民日报》在"加快 5G 网络、数据中心等新型基础设施建设进度"的大背景下，探讨了 5G 技术作为支撑经济社会数字化、网络化、智能化转型的关键新型基础设施，如何带动和促进后疫情时代的经济文化发展，尤其是面对党的十九大报告提出全面治党、全面提升党建质量的新要求，"5G、VR+"如何发挥自身优势，为打造科技党建、智慧党建提供技术支持。这种将传统媒体与新媒体资源的有效衔接为媒体融合背景下新闻舆论治理提供了可行性探索。

五、舆论与相关思考

新媒体时代传统新闻媒体的资源并不是要被新技术淘汰，新技术也并不能取代传统媒体的专业新闻生产。这两者并不是谁取代谁的关系，而是技术力量推动下的深度融合。与此同时，5G 背景下的新闻舆论工作并不仅仅是要依靠媒体，新闻舆论工作是一个全局性的工作，需要政府、公众、媒体等社会各方力量的共同参与，而媒体在这一过程中起到了重要的"桥梁"作用。

技术与媒体深度渗透是未来发展的主要趋势，新闻媒体融合过程中对舆论生态的治理也必然会面对愈加复杂的过程，在这一过程中新闻媒体不仅避免"唯技术论"的庸俗技术实用主义，也要避免"唯专业论"的僵化思维困境。与此同时，新技术背景下的舆论更加动态化、碎片化，舆论治理难度加大，如何把政府、公众、媒体纳入一体框架，搭建舆论治理的互动沟通"桥梁"也是下一步需要思考的问题。

引领和推动西安市新文艺群体
高质量发展研究

张　楠*

摘要： 本研究围绕西安市新文艺群体开展研究。我们对西安市新文艺群体的基本特点、生存状况以及面临困难和诉求意愿进行简要的梳理和归纳，并结合全市文化发展与新文艺群体生长的实际，就做好新文艺群体的思想引领、解难纾困、技能提升以及长远发展等方面进行深入思考，形成若干的措施与建议，为引领和推动西安市新文艺群体管理引导工作提供有益的参考。

关键词： 新文艺群体；发展特征；政策建议

当前文化领域中，"新文艺群体"作为新兴力量，走向时代舞台的聚光灯前。一般认为的新文艺群体是指在社会主义市场经济条件下，不依赖财政拨款，不占用行政事业编制，活跃在广袤的社会空间中，以自身的艺术创作和文化服务，丰富着人民群众的精神文化生活的个人和组织。其

---

* 　张楠（1983—　），西安市社会科学院政府治理与信息传播研究所所长，陕西师范大学在读博士，研究方向为信息安全、媒介治理研究。

中，以网络作家、自由撰稿人、独立演员歌手、自由美术工作者为代表的门类众多、形式各异的文艺工作者，正在用他们的文艺作品，承担着"为时代画像""为时代立传"的重要角色和使命担当。

总的来说，新文艺群体可分为四类：第一类是民营文化企业管理人员，指受聘于民营文化企业，掌握企业核心创意和经营管理文化内容的人员；第二类是民办非营利机构管理人员，包括民办博物馆、图书馆、民营院团、小剧场、文化类社会团体及基金会管理人员等；第三类是网络文化从业人员，包括网络表演主播、动漫游戏策划研发人员、电子竞技选手等；第四类是文化自由职业人员，包括独立音乐人、自由美术创作者、内容创意设计师、独立演员及手工艺人等。从这个意义上看，从事新文艺活动的自然人和社会法人，以及由此衍生的新文艺组织和产业园区，共同构成了广义的新文艺群体。

一、新文艺群体在城市发展中的重要作用和意义

（一）新文艺群体为城市经济社会发展提供精神动力

新文艺群体作为新时代文艺战线冉冉升起的重要力量，在主动扩大对外交流，彰显中华民族文化艺术魅力，增强文化软实力、促进中华文化"走出去"等方面发挥着不可替代的作用。在文化艺术领域中，无论是创作生产还是平台运营，其最初的艺术实验和市场培育，相当大程度上是由新文艺组织和新文艺群体推动的。

新文艺群体来自民间，成长于市场。新形态新业态的涌现，使公众对艺术的理解更为务实和素朴，人们日常所见的各种文艺表现、表演形式，都能借助各类媒介，比如广播、电视、报纸以及互联网，以电影、电视剧、网络文学、短视频等呈现。同时，各种文艺表现、表演形式也活跃于社区、乡村文化礼堂、文化书院、茶馆、广场和剧院、民营剧团、书画

社、诗歌协会和艺术工作室等现实空间中，由于贴近市场和社会，注重消费对象的分众化、小众化、个性化，而更加接地气，使文艺真正融入人民的日常生活，很多文化文艺产品绝非传统体制内的纯文艺创作和民间"天桥式"的小部门生产，而是呈现艺术生产特征的社会化、规模化、技术化、市场化和产业化的专业发展模式，以独具的本地性、便利性、可参与性和互动性，全天候地服务于公众的文化需求。把新文艺群体置于"创作—传播—消费"的生产全过程中，就会发现他们是文化产品生产重要的供给者，为文化市场提供丰富多样的文化产品。新文艺群体生动的、蓬勃的创造力和表达力，回应了当下社会发展的挑战和召唤，反映时代的精气神，歌颂时代的主旋律，为社会提供重要的文艺新生力量。

（二）新文艺群体为城市形象传播提供重要内容

新文艺群体在城市形象传播的活动中发挥着重要推动和促进作用。在互联网上，一个好的文艺作品能够起到一呼百应、事半功倍的宣传效果。以短视频等为代表的新媒体网络推广平台，能够在很短的时间里大量聚集人气，迅速走红网络，比如大唐不夜城的"不倒翁小姐姐"、永兴坊的"摔碗酒"等案例不胜枚举。

从时代发展的意义而言，新文艺群体不仅是繁荣新时代中国特色社会主义文艺的有生力量，还是实现国家文化治理的重要支撑，是促使文艺保持开放性的实践力量。新文艺群体在传播社会好声音、阐释时代特色、展现地方和城市形象等方面有着独特的、不可或缺的作用和意义。发挥新文艺群体的独特优势，做好新文艺群体的引导治理，是夯实意识形态文化安全、加强文化交流互鉴、增强城市软实力、提升城市形象的内在要求和必然体现。

（三）新文艺群体为筑牢意识形态阵地提供安全屏障

新文艺群体以其有效性供给不断回应社会日益增长的文化艺术的消费冲动，在城市高质量发展中具有精神凝聚和文化共同体建构的重要作用。

这也意味着要高度关注艺术表现中的意识形态文化安全问题，大量的文化产品中需要关注其中的文化思潮和意识形态文化安全风险因素。

首先，文艺本身的特殊性使得其与意识形态紧密联系。文艺领域安全是文化安全的重要内容，是保护中华优秀传统文化、发扬民族精神、凝聚思想共识、增强文化自信的重要抓手和主要传播方式。

其次，文艺领域安全是政治安全的内在要求。一方面，政治安全是文艺领域安全的前提与基础。政权不稳固、政治制度遭到破坏，文化自信、文艺事业繁荣也无从谈起。另一方面，文艺领域安全是政治安全的重要屏障。文艺是国民精神的指引、社会风尚的先导，文艺领域安全关乎着全党全国各族人民共同奋斗的思想基础，文艺对统一思想、凝聚共识、团结力量都发挥着重要作用。

二、西安市文化发展中新文艺群体的主要特征

进入新时期以来，西安市坚定不移地贯彻习近平新时代中国特色社会主义思想，坚定文化自信，走文化强市的路线。从城市文化发展的整体看，西安城市文化生态基础良好、产业发展繁荣、事业发展有序。为新文艺群体的发生、发展提供了良好的社会基础和生存环境。

（一）城市文化生态基础良好

从文化产业发展情况看，根据权威数据显示，截止到 2017 年，全市实现文化产业增加值 587.07 亿元，占全省文化产业增加值总量的 64.4%，占全市 GDP 总量的 7.86%，已经成为支撑西安城市经济社会发展的重要支柱产业。

从文化事业发展情况看，从 2009 年 5 月开始，西安市通过了《西安市文化体制改革中经营性文化事业单位转制为企业的规定》和《西安市文化体制改革中支持文化企业发展的规定》，开启了文化体制改革的大幕，

截止到 2013 年底，全市经营性文化事业单位转企改制全面完成。

在全市文化体制改革过程中，全市经营性文化事业单位转企改制 25 家，参与改革总人数 2416 人，按照改革政策提前退休 945 人，市财政投入改革成本约 1.37 亿元。整合市属 4 个秦腔剧团，组建了西安秦腔剧院，并实现转企改制。话剧院、歌舞剧院、儿童艺术剧院、市豫剧团、说唱艺术团等 5 个市属国有文艺院团完成转企改制，文化体制改革工作达到了预期目标。通过改制，西安市基本建立了新的文化体制，为改制后的文化企业注入了新的活力，创作出不少文化精品，赢得了相应的市场和荣誉，企业和职工的收入双双得到增加，为新文艺群体的成长和繁荣提供了较好的社会基础。

（二）城市文化消费意愿强劲

从居民消费的相关数据看，2019 年全国居民人均可支配收入是 28 228 元，同年西安市居民人均可支配收入是 31 406.7 元，高出全国 11.3%，如图 1 所示。

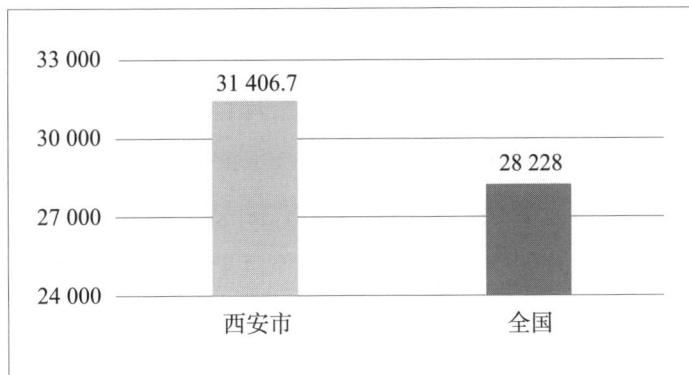

▲ 图 1　居民人均可支配收入情况数据

在城乡分类数据中，全国城镇居民人均可支配收入 39 250.8 元，同期西安市城镇居民可支配收入 38 729.1 元，比全国人均低 1.3%；全国农村人均可支配收入 14 617 元，西安农村人均可支配收入为 13 286.3 元，比全国人均低 9.1%，如图 2、图 3 所示。

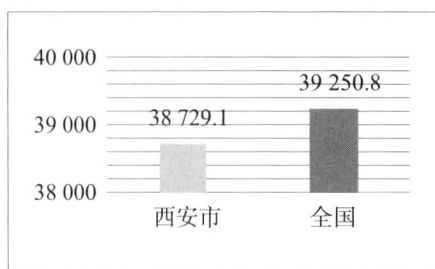

▲ 图2　城镇居民人均可支配收入

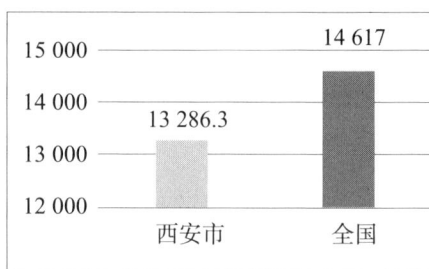

▲ 图3　农村人均可支配收入

在人均教育文化娱乐支出上看，全国人均支出为2 225.7元，西安市人均支出为3 003.9元，高出全国35%，如图4所示。

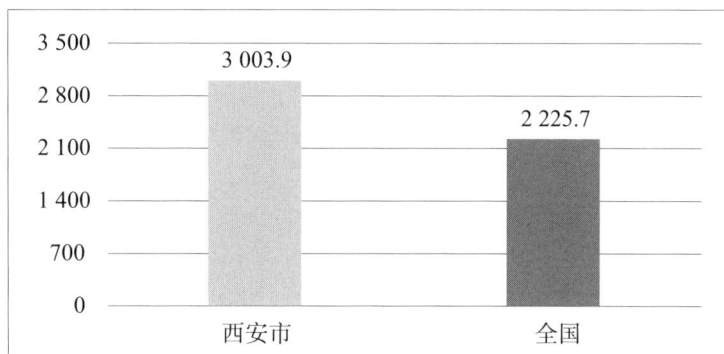

▲ 图4　居民人均教育文化娱乐支出

分类别看，全国城镇人均教育文化娱乐消费支出2 974.1元，西安市为3 616.3元，高出全国21.6%；全国农村人均教育文化娱乐消费支出1 301.6元，西安市为1 488.5元，高出全国14.4%，如图5、图6所示。

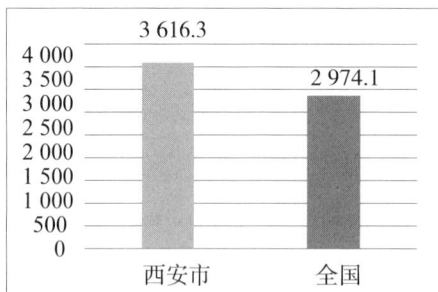

▲ 图5　城镇人均教育文化娱乐支出

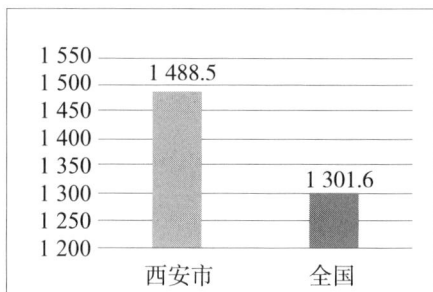

▲ 图6　农村人均教育文化娱乐支出

从统计数据看，西安城镇、农村居民人均可支配收入低于全国同类平均水平，但在教育文化娱乐的人均支出方面，西安城镇、农村居民消费金额都显著高于全国平均水平，表现出良好的消费意愿和能力。

上述统计数据直接反映出西安城市文化处于较高水平，城市文化娱乐消费市场有较好表现。但也要看出，西安城乡文化娱乐消费存在较大差距，西安地区农村居民消费仅相当于城镇居民消费的41%，全市城乡文化消费存在着不均衡、不充分的情况，如图7所示。

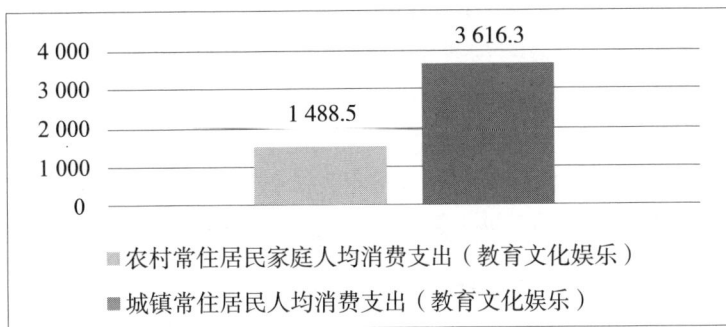

▲ 图7　西安市城乡人均教育文化娱乐支出

（三）新文艺群体与文化产业繁荣发展密切关联

文化产业是西安市的支柱性产业，新文艺群体与文化产业关系密切。某种程度上说，文化产业就是新文艺群体发展的"晴雨表"。近年来，西安市文化产业结构不断优化升级，内容不断充实扩展，产业不断拉伸延长，呈现出健康有力的发展态势。

2010年全市文化产业增加值190.79亿元，2017年全市实现文化产业增加值587.07亿元，7年增幅超过200%，实现了西安市文化产业高质量发展，有力助推西安城市经济社会统筹发展。

从全市投资发展情况看，2017年到2019年三年间，西安市新登记各类市场主体有了迅猛增长，从2017年的28.3万户增加到2019年的88.3万户，年平均增长76.5%。文化体育和娱乐业的新增市场主体也从2017

年的 4501 户增加到 2019 年的 9286 户，年平均增长 43.5% 左右（数据详见表 1）。

表 1 西安市新登记各类市场主体及文化体育和娱乐业统计

统计类目	2017 年	2018 年	2019 年
全市新登记各类市场主体（户）	283 208	542 961	883 073
全市新登记文化体育和娱乐业（户）	4 501	6 769	9 286*
文化体育和娱乐业新增占比	1.58%	1.24%	1.05%**

注：* 西安市《2019 年度产业结构与投资信息参考》未给出"文化体育和娱乐业"个体工商户的具体数字，此数据是基于上一年发展的保守估算数据。

** 此比例为保守估算数据占比。

从文化艺术业规模以上从业人员平均人数看，西安市连续三年（2016年、2017 年、2018 年）都呈现持续积极的攀升趋势，平均年增幅接近20%，显示出文化产业强劲的发展势头，如图 8 所示。

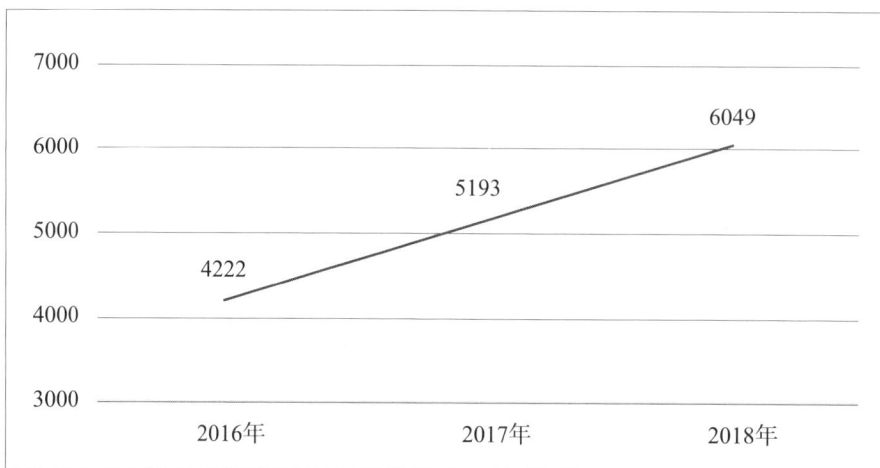

▲ 图 8 文化艺术业规模以上从业人员平均人数增长趋势（单位：人）

这些数据既是文化市场充满活力的重要表现，同时也是新文艺群体持续向好、欣欣繁荣的重要反映。

（四）新文艺群体与公共文化建设

与此同时，城市的文化事业也取得了良好发展局面。在群众艺术馆、文化馆（站）活动展览、组织文艺活动次数以及参加人数等重要方面都有较好表现。其中，全市组织文化活动次数、参加人次等重要指标都呈现逐年稳步提高的发展趋势。具体指标见表2。

表 2　西安市重要公共文化活动指标三年（2016 年、2017 年、2018 年）数据统计

统计类目	2016 年	2017 年	2018 年
群众艺术馆、文化馆（站）活动展览（场）	562	649	632
参加人数（千人）	287	418	392
组织文艺活动次数（次）	4246	5498	6518
参加人次（千人次）	1688	2631	3322

良好的公共文化基础是新文艺群体存在和发展的土壤，也是他们壮大和繁荣的基本保证。表 2 数据显示了西安市文化事业自我发展的良好势头，但与同类城市相比，2018 年杭州市参加公共文艺活动人次为 579.35 万人次，而西安市在 2019 年也仅仅只有 332.2 万人次，同样作为文化旅游资源聚集的城市，相比起来西安市仍有较大的差距。

三、西安市新文艺群体的基本情况

（一）平均年龄小，受教育程度高

"年纪轻、学历高"是新文艺群体呈现的显著特征。根据统计数据显示，在受访的新文艺群体中，26—30 岁这一年龄段占总体的 45.45%（图 9），高达 77.27% 的受访者具有本科及以上学历（图 10）。"年纪轻、学历高"的显著特征，使得新文艺群体相对传统文艺群体而言，呈现出思维活跃、创新力十足、眼界开阔，积极外向的特点。

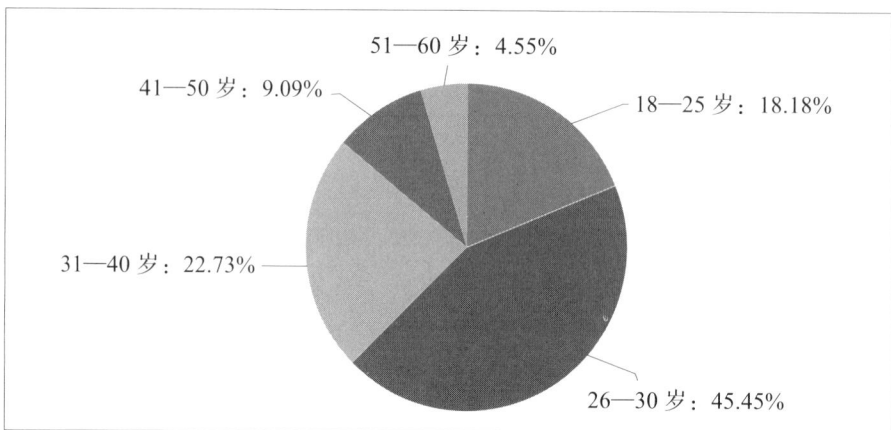

▲ 图 9　新文艺群体年龄构成情况

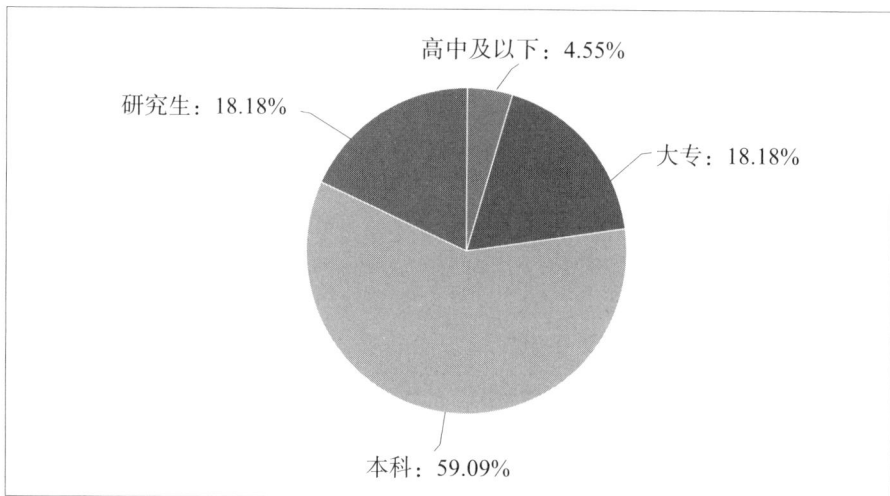

▲ 图 10　新文艺群体学历构成情况

（二）以兴趣为导向，"职业"与"非职业"共存

调查数据显示，有 40.91% 的新文艺工作者选择以互联网为载体进行文艺创作的传播和推广，更有 63.64% 的从业者与传媒行业关系紧密（图11）。随着互联网的发展，一大批依托互联网与新媒体的新文艺群体涌向市场，打破了以往专业出身的背景要求，互联网巨大的平台作用，可供展示的平台越来越丰富，渠道越来越宽广，使得许多非专业出身的"非职

业"创作人大量涌现，创作环境更加活跃，"职业"与"非职业"共同创
作发展，不断做大文艺市场的"蛋糕"。

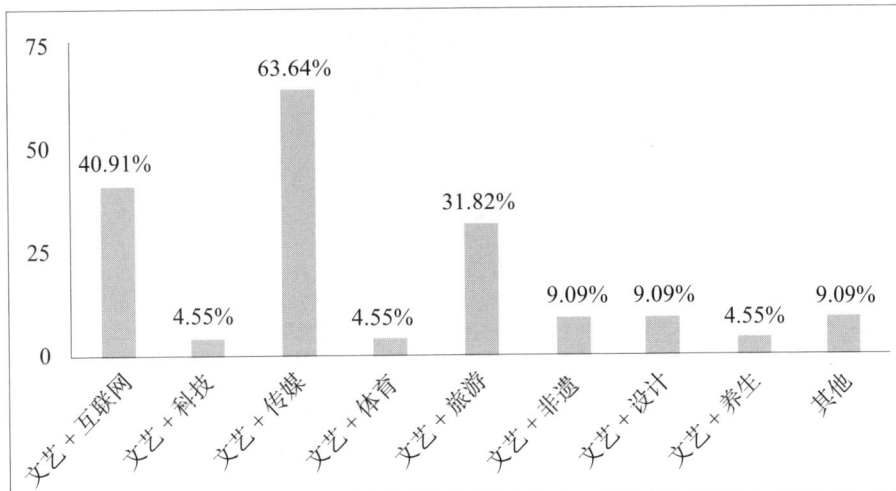

▲ 图 11　新文艺群体业态分布情况

（三）作品贴近生活，紧密结合市场与社会

调研中发现，新文艺群体中大部分人的政治面貌是群众，占到总数
的 70% 左右（图 12）。但他们不约而同地带有浓厚的时代特征和社会属
性，他们直面社会现实，特别"接地气"，对市场需求的把握也更为精
准，同时他们又及时关注自身的需求与感受，综合这样一些特点，使得
他们的文艺产品能够表现出强烈的个人特色，既能关注社会现实又能呼
应市场。

（四）群体涵盖面广，专业划分细致

调研显示，新文艺群体几乎涵盖传统文艺文化创作领域的各个方面。
由于新文艺群体是以兴趣为驱动导向，其内部自发地对文艺文化活动进行
了更加专业和细致的分类，在某些领域可以精细到同一个艺术类型的不同
流派。图 13 反映了新文艺工作者从事不同行业的基本分布情况。

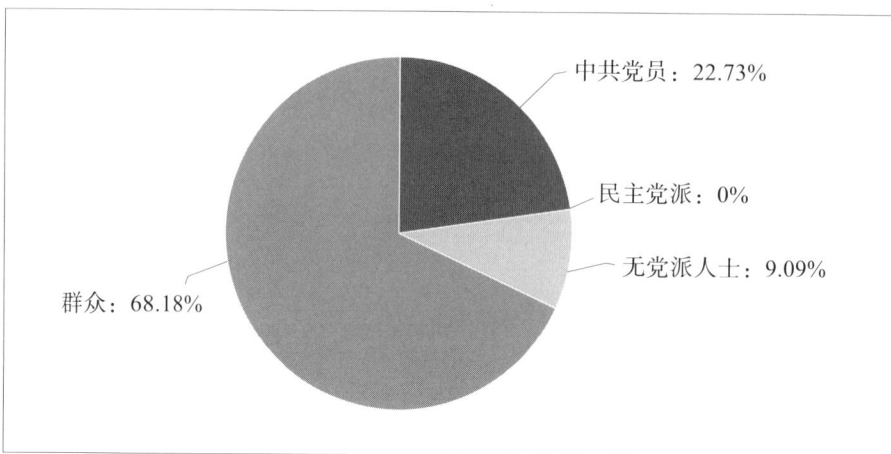

▲ 图 12　新文艺群体政治面貌构成情况

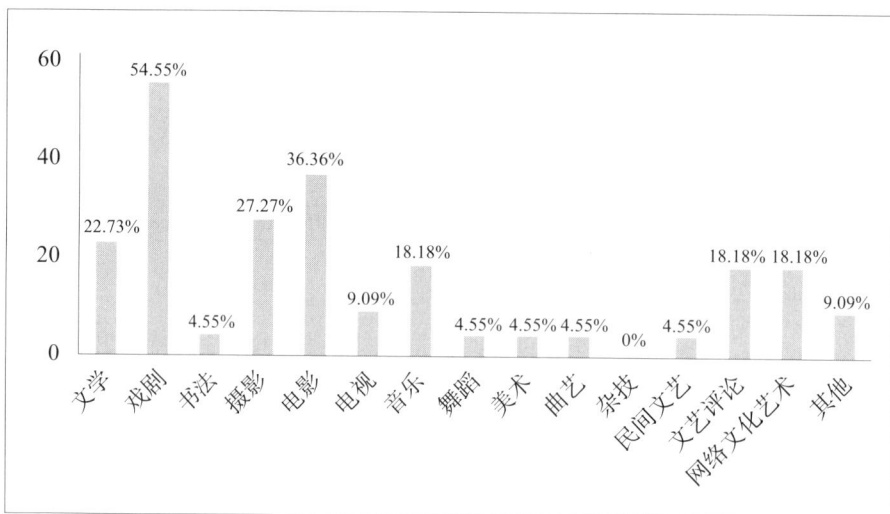

▲ 图 13　新文艺活动所属类别分布

　　在调研中，有 50% 的从业者以"自我创业"的形式进行艺术生产，创作多为个体活动（图 14），一方面，符合文化文艺活动的规律；另一方面，反映出新文艺群体创作热情高的工作状态。

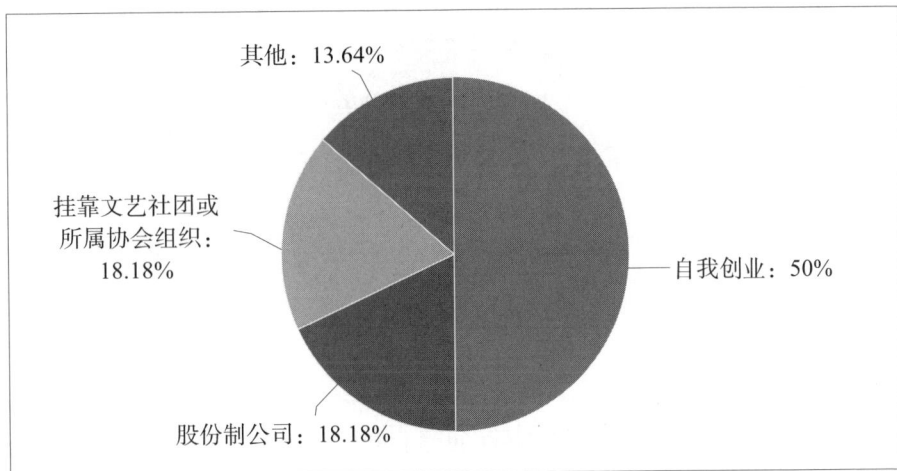

▲ 图 14 新文艺活动经营方式构成情况

四、西安市新文艺群体在发展中面临的主要问题和困境

（一）政策资金是发展的主要瓶颈

1. 创作前期投资大，后期发展乏力

由于新文艺群体多为个人或私人组织，缺乏强有力的背书，在前期筹措资金的过程中，难以找到商业投资、政府扶持，调查显示，63.64% 的新文艺群体从未获得过相关支持，创作资金多为个人筹措（图15）。

文艺文化作品创作耗费大量精力，创作周期长，即使投入市场，也存在巨大风险。很多艺术作品即便成熟以后仍需打磨，不断追加创作成本。还有一部分艺术文化作品受其艺术表现形式影响，营收空间小、运营成本大。这些因素使得文艺文化作品项目在商业领域运作中需要强大、稳定的资金支持，才能够出经典、出精品。新文艺群体在创作中遇到的困难的具体情况如图16所示。

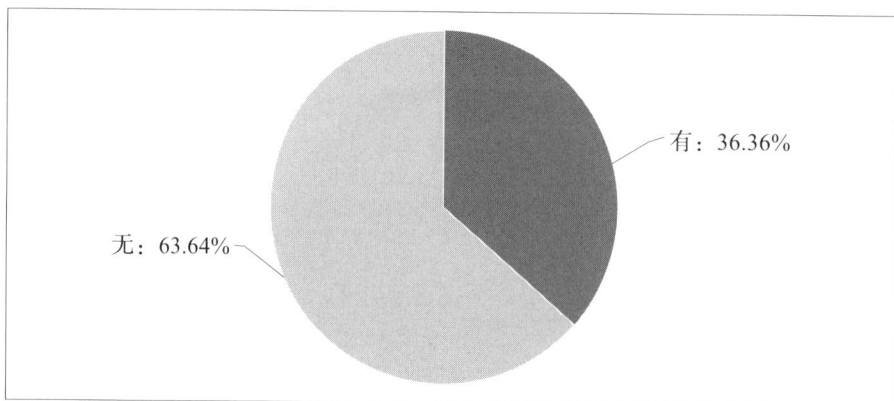

▲ 图 15　是否得到过社会团体 / 组织的支持或赞助的比例

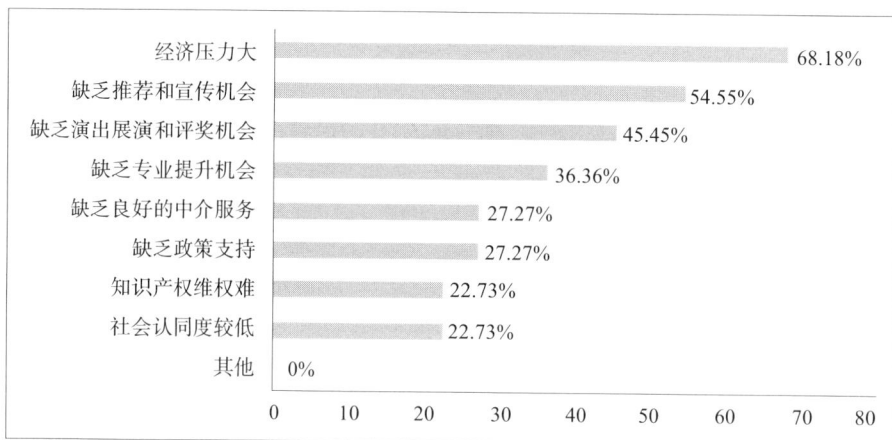

▲ 图 16　新文艺群体在创作中遇到的困难的具体情况

　　然而，艺术文化作品创作带有强烈的主观性和个人风格，这样的特性使得其后期发展难以预估，这种天然风险让很多商业投资望而却步，导致许多作品很难在前期吸引商业投资支持。因此，在面对创作成本与运营成本的双重压力下，新文艺群体的艺术创作表达难免受限，具体表现为在以文化市场为决定性配置的前提下，自身商业运营抗风险能力较弱。

　　2. 针对新文艺群体的扶持政策有待完善

　　目前并没有针对新文艺群体创作的专项扶持政策，这样的现象也将导致一种恶性循环，得不到资金支持的新文艺群体越发难以出精品，最终越发难以得到创作支持。在本次调研过程中，政策与资金的支持成为大多数新文艺群体关注的重点。新文艺群体希望得到的帮助与支持情况如图 17 所示。

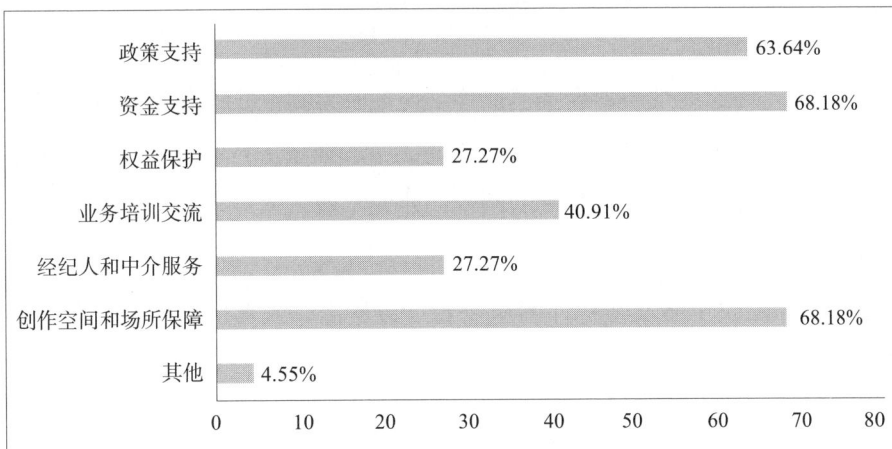

图 17 中各项数据如下：

- 政策支持 63.64%
- 资金支持 68.18%
- 权益保护 27.27%
- 业务培训交流 40.91%
- 经纪人和中介服务 27.27%
- 创作空间和场所保障 68.18%
- 其他 4.55%

▲ 图 17　新文艺群体希望得到的帮助与支持情况

在国家艺术基金管理中心发布的《国家艺术基金资助项目成果选编 2014—2018》中提到"从各类项目主体获得的资助数量、资助金额看，项目主体为机构、单位的共获资助 2632 项，占比 65.6%，资助总金额约 31.6 亿元，占比 94.7%；项目主体为个人的共获资助 1381 项，占比 34.4%，资助总金额约 1.78 亿元，占比 5.3%。在资助经费分配上，事业单位占一般项目资助总金额逾五成，国有企业占近三成，民营企业与民办非企业类文化艺术机构占近一成"。不难看出，新文艺群体想要从中突围依旧十分困难。其原因，一方面受到自身的创作水准参差不齐、前期资金投入不足等因素的影响，新文艺群体的创作难以达到获取扶持的门槛；另一方面，传统院团与相关评审组织的联系更加紧密，创作实力更加雄厚，在资金申请上更具有优势。

（二）新文艺工作者的身份期待社会认定

1. 对身份的认可与保障

新文艺群体中大量的从业者是没有组织关系的个人，他们的工作模式多为项目制合作，缺少长期稳定的收入来源，这就导致这部分群体没有办法得到完整的社保保障。文艺文化行业的圈层歧视依旧存在，很多观众、投资人依旧认可国有院团的专业背书，这样的偏见让新文艺群体的起步和发展都十分艰难。

这种自由职业性质的新文艺群体，还面临着无固定工作带来的种种困扰，税收高、无法出具收入证明、单位证明、无法进行职称评定、无法办理商业贷款等政策、制度带来的困难，使原本收入来源不稳的新文艺群体生存更加艰难。

图18反映了新文艺群体的从业者是否是文联或其所属协会的会员比例情况。

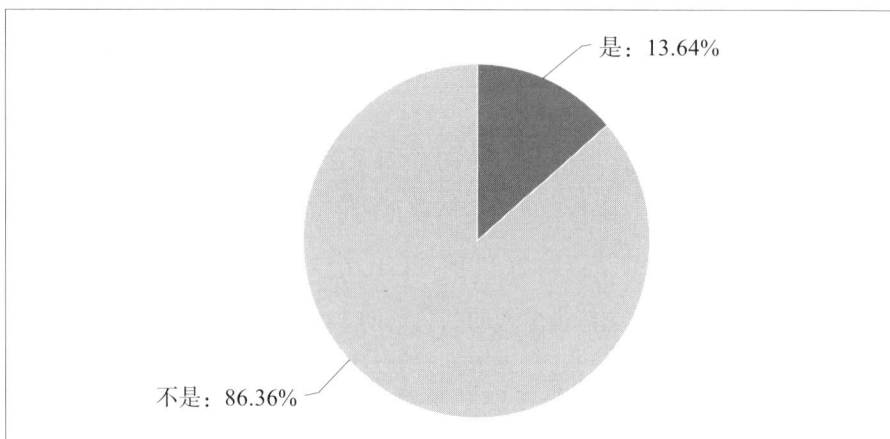

是：13.64%

不是：86.36%

▲ 图 18　新文艺群体的从业者是否是文联或其所属协会的会员比例

由于上述情况，新文艺群体中仍存在"挂靠"现象，许多文艺工作者为了能够有稳定的社保、参与职称评定、拥有行业认可的专业身份，选择将组织关系挂靠在院团、企业。这样的现象在一定程度造成了院团、企业管理的困难，也无法从根本上解决大部分新文艺群体在身份认定上的需求。建立适应西安市现状的新文艺群体认定体系，将成为新文艺群体发展道路上至关重要的一步。

在实际调研中，有大部分新文艺群体对于职称有现实的诉求，其中的尴尬在于目前职称评定的体系中没有适用于新文艺群体的职称评定机构与途径。但新文艺群体在社会中蔚然大观，这样的现实矛盾亟待寻找突破路径。从职业发展的角度看，对新文艺群体从业者进行职称评定首先是对他们辛勤付出的一种肯定，是对劳动的尊重和认可，同时可以激发新文艺群体职业自豪感和荣誉感，职称的评定能够为文艺市场的酬劳划分等提供科学的参考标准，规范市场行为，促进市场健康有序发展。

2. 人才更迭迅速，行业抗风险能力弱

新文艺群体中青年人才占比较大，有很大一部分原因是青年群体的生活压力较中年人更轻，背负更少。本次调研显示（图 19），新文艺群体中有 40.91% 的从业者已从业近两年，而仅有 18.18% 的从业者从业 3—5 年、27.27% 的从业者从业 6—8 年，这一数据除了体现出新文艺群体在近两年格外活跃外，还说明新文艺群体存在人才流失情况，从业人员年限短，更迭迅速。

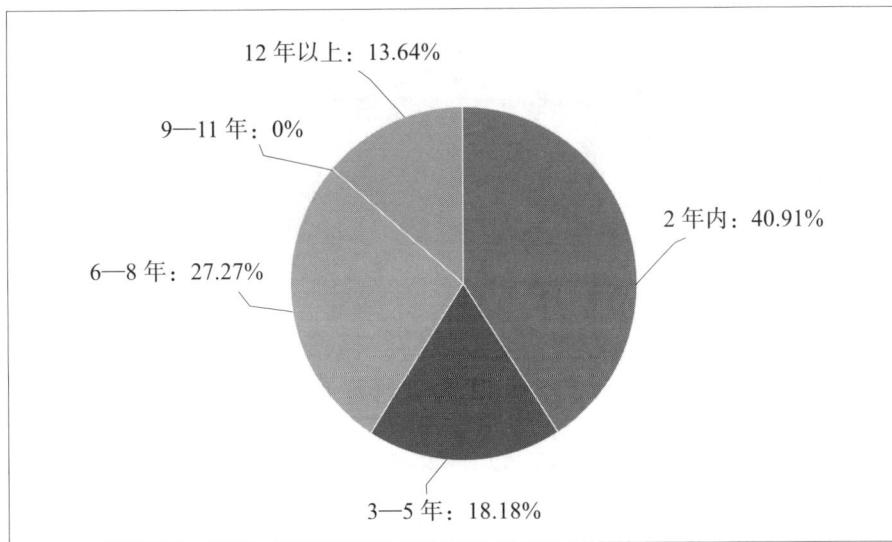

12 年以上：13.64%

9—11 年：0%

6—8 年：27.27%

2 年内：40.91%

3—5 年：18.18%

▲ 图 19 从事新文艺工作的年限分布

由于行业普遍的低收入与不稳定，68.18% 的从业者年收入不超过 10 万元，一半的从业者文艺工作带来的收入仅占个人总收入 20%，如图 20、图 21 所示。

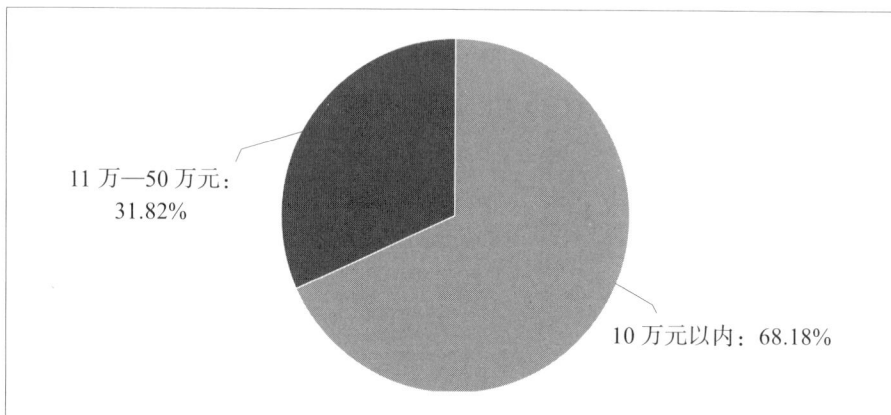

▲ 图 20　新文艺工作者年收入情况

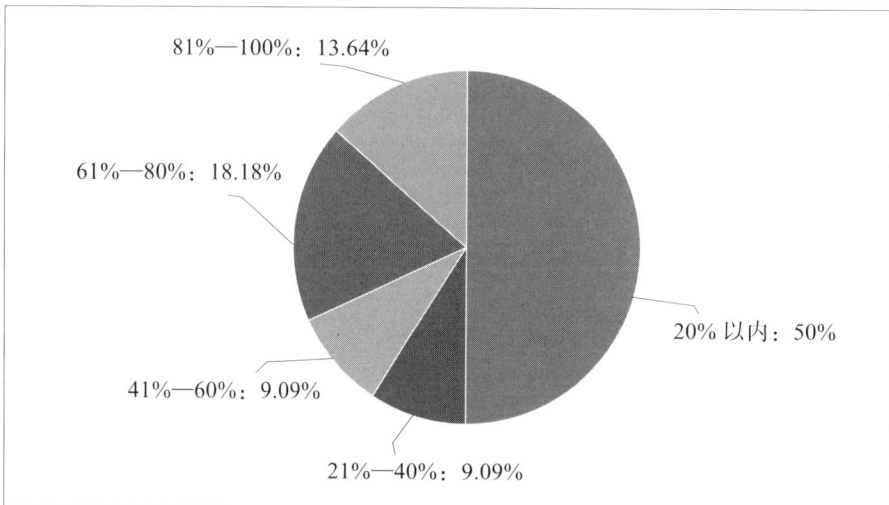

▲ 图 21　新文艺工作收入占个人总收入情况

很多行业人才在生活的重压下被迫选择转行。特别是近几年疫情对整个行业的重创，演出市场的关闭造成大批新文艺群体失去了收入来源，一些民营艺术场馆经营者，除了面对收入来源断绝的危机，还要承担巨大的运营成本，这样的特殊时刻，新文艺群体也积极进行新的尝试或者另谋生路。例如，陕西大剧院联合陕西历史博物馆、秦始皇帝陵博物院、西安碑林博物馆、西安博物院和西安城墙，展开"云上国宝音乐会"；中演院线和腾讯艺术联合出品、广州大剧院制作、导演王翀执导的"线上戏剧"《等待戈多》以直播的方式上演等。

疫情之下，新文艺群体的生存更加艰难，却也展现出更多的活力与创意，然而在尝试与创新之下，新文艺群体的生存现状依旧值得关注，如何在特殊时期缓解新文艺群体的生存压力、如何让新文艺群体可持续发展，这都需要相关部门给予更多的关注与支持。

3. 专业能力提升及人才培养缺乏

当地对艺术教育体系搭建与高质量教育资源的引进，都影响着地方艺术人才的发展的流入。目前，陕西省内高校共计 96 所，开办艺术类专业的综合大学共 45 所，艺术专科高校仅有 2 所，艺术职业院校仅有 1 所。有限的艺术教育资源在一定程度上制约了艺术人才的引进与培养，缺乏后备人才也限制了西安市文艺文化事业的发展。优秀的艺术类院校为当地培养专业人才的同时，也将带动、活跃地区的文艺文化关注度和文化市场的发展。一所艺术类院校的建立，不但能培养出大量的艺术工作者，为市场注入人才资源，还能通过人才的创造力和吸引力，延伸文化生产链，激活当地文化产业潜力，繁荣整个文化市场。

此外，新文艺群体从业后专业能力培训途径少、进修成本大，也成为新文艺群体提升专业、发展自身能力与水平的制约条件。如何开放专业培训机会、降低专业培训成本，都是广大新文艺工作者比较关注、急需解决的现实问题。

西安市高校资源密集，应当充分发挥属地高校作用，将一些拥有丰富表演实践经历、水平出色的演员吸引到高校，为高校的表演教育注入源源不断的生命力，从而培养出更多优秀的文化文艺工作者。而更多高素质、高学历的文化文艺工作者，能够源源不断地为新文艺群体注入新鲜血液，使得新文艺群体良性地发展自身。只有让充满活力的文化市场和完善的人才培养建设双轮驱动，才能让新文艺群体和新文艺文化建设更上一层楼。

（三）市场竞争激烈有待规范治理

1. 行业准入门槛降低

新文艺群体以兴趣为导向，行业内除专业科班出身的职业从业者之外，近几年涌现出众多非职业、跨行业从业者。尽管艺术创作是人们自发感受的表达，不应为艺术创作设置门槛，但近几年，随着文艺文化产业化、市场化的发展，许多刚刚步入这一领域的新文艺从业者，依托互联网强有力的传播能力，凭借各种吸引眼球的话题，迅速在新媒体平台占据大量流量，其中不乏内容低俗、毫无艺术价值的作品。

2. 行业职能搭建不完整

新文艺群体受制于投入成本、行业人才缺失等因素，在组织创作过程中多为一专多能，这在一定程度上使得创作者在对市场、政策的把控上不够专业。例如在文化项目运营中，也缺少专业管理统筹、缺乏突破创新能力，没有完全开发出项目的潜力，更有部分艺术种类急需专业管理人才的赋能，使行业重获活力。比如上海话剧艺术中心在体制改革的过程中，启用制作人制度，开启了艺术管理专业化的尝试，制作人制度使戏剧在创作过程中有了专业的管理团队，更加准确地面对市场需求、观众喜好、行业发展，也让上海话剧艺术中心实现了市场化的良性运营，取得了令人瞩目的成绩，成为上海乃至全国戏剧市场的中坚力量。

3. 版权的保护与开发困难

在文化产业市场中，版权处于核心位置，版权的保护与开发越来越受到重视，但在现实中仍然面临着版权注册费用高、维权难、版权开发不够深入、缺乏专业运营管理人才等一系列问题。如何为新文艺群体开放相关公益版权注册、建立维权律师团队、成立版权开发与产业交流团队等艺术管理体系、搭建新文艺群体服务平台，都将是这一领域不可忽视的问题。

（四）公共文化采购占比较低

新文艺群体占公共采购演出比例小。据统计，2018 年全市公共采购演出共计 632 场，影响力有限。西安市文化演出市场需求量大、基础良好，人民对文化演出活动的需求远超政府的公共供给，对艺术种类的需求也更加多样化，公共供给总量与采购种类都需扩大，以满足人民日益增长的文化生活需求。在公共采购演出中，传统院团依旧占据大量比例。一方面，传统院团实力雄厚、生产经验丰富、精品作品多，作品也受到了广泛的认可。另一方面，新文艺群体难以占据公共采购份额，当然，这也与自身作品质量参差不齐有一定的关系。

新文艺群体的创作多源自自身感受与自己对社会的认识，带有强烈的主观色彩与个人风格，面向的受众也更具有圈层的针对性，带有一定小众文化的特色。

但是，市场机制决定产品类型，新文艺群体想要占据更多公共供给份额，还得更加面向广大人民群众，开拓更宽的题材。相关部门也应更加关注新文艺群体，为其提供更多的机会与平台。

五、做好新文艺群体思想引领和政策服务的思考与建议

（一）始终坚持党的领导，是新文艺群体有序发展健康繁荣的根本保证

各级党委要从建设文化自信、提升执政能力的战略高度，增强文化自觉，把新文艺工作纳入重要议事日程，加强宏观指导和督查落实，找准新文艺的发展方向，不断提高创作优秀新文艺作品的生产组织水平。各级政府要重视新文艺事业，力争纳入经济社会发展总体规划和考核评价体系，制定支持新文艺繁荣发展的具体措施，落实支持新文艺发展的各项政策，

要形成党委统筹领导，宣传部门牵头抓总，文化、教育、新闻出版、广电等相关职能部门和文联、作协等专业团体协同推进，社会各方面积极参与的文艺工作新格局。各新文艺组织、群体的负责人要加强思想政治建设，加强理论学习，提高政治素养，尊重新文艺工作者的智力劳动，尊重文艺传播规律，发扬艺术民主、学术民主，努力成为领导文艺工作的行家里手。

（二）进一步创新扶持政策，切实推进新文艺群体的高质量发展

贯彻落实全面深化改革的要求，扎实推进新文艺生产的供给侧改革，各级党委、政府要落实和完善对新文艺的改革政策，建立健全有利于出作品、出人才的体制机制。进一步健全现代文化市场体系，发挥市场作为配置各项要素的决定性作用，加快培育文化市场各要素的健康发育，促进金融、科技与新文艺资源的对接，支持有条件的骨干新文艺组织和企业做大做强、发光发热，不断推动新文艺精品力作的生产和创新能力。主要应包括以下方面。

确保资金支持。坚持政府引导和市场调节双轮驱动，创新资金投入方式，健全政府采购、项目补贴、贷款贴息、捐资激励等制度，落实公益性捐赠税前扣除等措施，鼓励和引导社会力量参与新文艺创作生产，逐步建立健全新文艺创作生产资助体系。积极联系"文产银行"与相关新文艺组织对接，为其做好资金周转、抵押贷款等方面的资金支持，开办新文艺群体贷款绿色通道，缩短贷款流程，共同渡过疫情造成的困境。在文产扶持资金项目中，设立新文艺群体项目，为有潜力、有发展意愿的新文艺群体提供必要资金支持，包括但不局限于：直接的资金支持、低息或者无息贷款，或者以购买公共文化服务的方式支持新文艺工作者群体的发展繁荣。

激励作品创作。针对文学创作、戏剧影视、美术书法、音乐舞蹈等各类新文艺活跃的主要领域，鼓励以西安市文化旅游资源深度融合，挖掘提炼优势资源，拓展题材范围，完善新文艺作品创作激励机制，扶持重点领

域的作品创作创新，高度重视作品的原创性，坚持内容为王、创意制胜，激发新文艺的时代创新活力。加大优秀创新作品的政府采购演出比例。

重视队伍建设。通过对不同层次人才的分类培养、宣传推介，实现各艺术门类人才队伍的健康传承与接续，形成"领军梯队、攻坚梯队、储备梯队"相互衔接、有序发展的良好格局。加大对属地高等院校艺术院系的新文艺人才的培养，不断提高新文艺人才的综合素质和社会服务能力。做好全市德艺双馨新文艺工作者评选表彰工作，使品质好、业务精、有担当的新文艺工作者专业上受肯定、工作中受尊重。积极探索针对新文艺人才的职称评定、技能认定以及人才引进工作，打破地域、身份限制，采取聘用、签约、合作等多种机制，不拘一格选聘人才，吸引国内外优秀文艺人才来西安市工作，为西安市新文艺发展贡献力量。

做好技能培训。针对不同类型和特征的新文艺工作者群体，邀请国内知名专业人士、专家学者等以开办培训讲座、短期培训班等方式，不断为新文艺从业者进行专业充电，帮助其提升专业技能，创作更好的新文艺作品。健全市、县（区）两级文艺人才培训网络，实施基层文化队伍培训计划、"三区"人才文化工作者专项支持计划。

（三）加强新文艺的阵地建设，充分发挥文联、作协等人民团体的重要引导管理作用

创新管理方式，坚守好新文艺阵地，引导管控好网络文艺阵地，杜绝错误文艺思潮和不良文艺作品的传播。建设健全新文艺领域的评奖机制，不断提高新文艺评奖的公信力和影响力。创新新文艺的生产和传播方式，坚持"重在建设和发展，管理、引导并重"方针，鼓励和引导网络文学、网络音 / 视频、网络动漫等新兴文艺形态健康有序发展。加强新文艺领域的市场管理，加强知识产权保护——保护原创、打击盗版，加强和改进文化市场综合执法，营造尊重版权、保护版权的良好文化生态。

建立健全文联、作协组织定期听取新文艺群体和组织的动态联系机

制，有针对性地解决新文艺工作者在发展中和工作中的实际困难和问题，加强基层文联、作协的人员围绕新文艺工作者履行团结引导、联络协调、服务管理、自律维权的职能。市文联、作协等人民团体要发挥党和政府联系广大文艺工作者的桥梁和纽带作用，改革创新、增强活力，改进工作机制、方法手段和工作作风，避免机关化，扩大工作覆盖面，延伸联系手臂，做好对新文艺组织和文艺群体的团结、引导和服务工作，充分调动一切积极因素，为繁荣发展全市新文艺事业添砖加瓦。

新冠肺炎疫情影响下的"云上新文艺"探索与发展报告

韩紫微 *

摘要： 2020 年，新文艺群体在新冠肺炎疫情的严峻挑战下寻求发展、主动转型，进入"线上演出"元年。本文总结了音乐行业、传统曲艺行业、戏剧演出行业的线上转型方式，并指出目前新文艺群体线上转型存在的线上收益暂不明朗、演出质量参差不齐、流量资源分配不均、行业竞争有待规范、版权保护亟待完善等问题，并从组织、机制、管理、保障等方面提出对策建议。

关键词： 新文艺群体；创新求变；线上演出

引言

新冠肺炎疫情对整个文艺文化市场是一次严峻的考验。2020 年 1 月，

---

* 韩紫微（1990— ），西安公共价值传播中心研究助理，研究方向为文化创意、文化传播。

文化旅游产业全面停工，旅游景区关闭、影院暂停营业、线下演出全面取消，全国文艺文化活动全部暂停。

据中国演出行业协会在会员范围内的不完全统计，2020 年 1—3 月，全国取消或延期的演出近 2 万场，直接票房损失超过 20 亿元。

影视行业中，万达电影 2020 年一季度业绩报告中显示，截至 2020 年 4 月 15 日，万达电影预计一季度亏损 5.5 亿—6.5 亿元。同样是院线巨头的金逸影视第一季度预计亏损约 1.45 亿—1.6 亿元，幸福蓝海预计亏损 1 亿—1.05 亿元。

这样的大环境下，新文艺群体也因其市场化程度高成为此次挑战中受冲击最大的群体。

一、新冠肺炎疫情对新文艺群体的影响

一般认为的新文艺群体是指在社会主义市场经济条件下，不依赖财政拨款，不占用行政事业编制，活跃在广袤的社会空间中，以自身的艺术创作和文化服务，丰富着人民群众的精神文化生活的个人和组织。他们市场化程度高，以独立创作人或民营企业管理人员、从业人员为主。疫情之下，依托线下实体经济的新文艺群体，因市场的停滞而损失惨重。

以西安市为例，仅大华 1935 剧场、曲江创意谷展演中心、易俗大剧院、西安音乐厅、陕西大剧院 5 家剧场，2020 年 1—3 月取消演出 98 场，票房损失近 900 万元，而取消的 98 场演出中，近 80% 的演出方为新文艺群体。

市场的全面暂停，迫使与线下实体紧密相连的各类文艺文化群体作出转变，为求生存主动转向线上战场，而原本就以线上创作为主的另一部分新文艺群体，也在大趋势下备受关注，线上创作成为众人关注的焦点。

春节档电影中，《囧妈》的线上突围更是引发了多方讨论。由于影院停业，春节档电影全部撤档，而在压力之下的欢喜传媒迅速选择网络免费播放，一夜之间，徐峥、欢喜传媒和字节跳动做了一笔"大生意"，《囧

妈》成为集体撤退后的第一个"突围者"。

疫情之下，传统的艺术也纷纷转投线上，"云戏剧""云蹦迪""云曲艺"等各类线上文艺活动层出不穷，"云娱乐"时代加速向我们走来。

据艾媒咨询统计，仅从音乐市场上看，2020 年上半年，中国在线音乐演出市场的用户规模已经突破 8000 万。新文艺群体在"云娱乐"发展的红利期迎来新的机遇，同时也在新的运作模式下备受挑战。

二、疫情下新文艺群体的转变尝试

2020 年 11 月，由中共上海市黄浦区委宣传部、上海市黄浦区文化和旅游局主办的"2020 演艺大世界在线演艺发展峰会"上，以演出行业为例的新文艺群体代表用"今年不谈线上，就无法证明你还活着"总结了这一年新文艺群体对线上转变的探索与尝试。

新文艺群体根据自身的行业细分，在各自领域中求新求变，试图在线下实体停滞的状态下找到突围之路。

（一）音乐行业的线上尝试

新文艺群体中，线上转变最顺利的当属音乐产业。早在疫情之前，随着《乐队的夏天》《明日之子》等音乐类网络综艺的火热，大批独立音乐人从小众舞台走到大众舞台。观众也已接受了线上音乐演出这一艺术形式，因此疫情期间各类型的"云音乐节"也应运而生，其中最具代表性的，便是由今日头条和西瓜视频联手摩登天空一起举办的"线上草莓音乐节"——"宅草莓"，依托线下"草莓音乐节"的 IP，本次音乐节共有 82 组明星歌手参与演出，每天播出 5 小时，连续 7 天。

如此大体量密集的线上演出引爆了乐迷的热情。据统计，"宅草莓"首日上线 40 分钟后，在线观看人数已过 100 万，5 天观看节目总人次就达到 567 万，今日头条相关话题的阅读量破 1.3 亿，抖音话题播放量达 635 万。

如果说独立音乐线上演出的火爆是市场自然发展的结果，那么交响乐团的线上转变则更有应时而动的意味。

疫情期间，XSO西安交响乐团通过B站弹幕音乐会、"云上国宝"音乐会、华山之巅云海音乐会、中华祖脉、秦岭之声等一系列线上音乐会，将交响乐演出带入生活，带进博物馆、大雁塔、森林公园甚至是华山之巅。

全新的尝试使这个仅成立8年的交响乐团以黑马之姿冲进大众视野，仅"云上国宝"系列音乐会累计观看人数超过2300万。

（二）传统曲艺的线上尝试

新冠肺炎疫情对线下演出市场的冲击在某种程度上加快了传统曲艺行业线上转变的脚步，使其线上呈现更加丰富。

疫情前，曲艺行业的线上尝试多为版权合作。以青曲社、相声新势力、德云社、嘻哈包袱铺为代表的曲艺界新文艺群体尝试将相声版权开放给酷我音乐、喜马拉雅、荔枝等有声平台，以在线付费收听的方式进行线上运营尝试，主要的演出经营依旧依赖线下实体。

在线下演出受到疫情冲击的状态下，曲艺界的新文化群体向网络视频平台发起了转变，从最初的有声合作进一步到视频合作，从最初的录播收听转向实时的线上互动。

2020年3月25日，荔枝首个相声频道开业，会聚全国各地近300名相声演员，以主播形式进行线上开箱比赛；全民K歌平台联合数位戏曲名伶首开戏曲直播，每一期的观看人数均能达到十万以上；抖音开启全民直播计划，在全国范围广泛招募包括相声、评书、二人转、脱口秀在内的曲艺演员参与在线直播，并提供官方认证、平台流量曝光、直播资源推荐、直播广场曝光、抖音热搜等奖励，首场直播就获得122万人次的观看量。

（三）戏剧演出行业的线上尝试

相较于其他领域，戏剧演出领域的尝试显得更加多元也更加充满争议。

疫情期间，抖音携手戏剧名导孟京辉展开了"抖音戏剧周"活动，以孟京辉戏剧团队的原创作品为内容，展开了多种线上互动活动，例如抖音挑战赛，邀请抖音头部达人参与其中，模仿戏剧经典片段，从传统的演出延伸至以戏剧表演为载体的网络互动。

作为新文艺群体的代表之一，开心麻花的尝试更为大胆，除了作为西瓜视频、今日头条、抖音线上"喜剧场"的入驻品牌，创作出线上演出作品《贼想得到你前传》《了不起的爹地》之外，开心麻花更是与电商天猫超市联手，打造出国内首档直播喜剧秀《请您笑纳》。这档喜剧直播秀在创意喜剧表演中植入直播带货的新形式，节目自登陆淘宝直播，第一期就取得 200 万观看人数和带动销售额近百万的骄人成绩。《请您笑纳》与"网红"、明星做直播的不同之处在于，开心麻花把"剧场"搬进了直播间，每期直播秀总有五六个创意喜剧桥段。节目共直播五期，累计直播观众 1000 万、每期均登上微博热搜榜，获得近 10 亿人次的曝光量。开心麻花的一系列"破圈"之举，在为新文艺群体的线上转变提供了想法的同时，也引发了行业内对"线上戏剧"界限的思考。

三、新文艺群体线上发展面临的问题

新文艺群体在疫情带来的挑战下主动转型，2020 年也因此被众多人认为是"线上演出"元年。

面对一系列的线上尝试，虽然能够看到新文艺群体的思维活跃、眼界开阔、市场化程度高，但也能察觉到线上转变的火热下所隐藏的问题。

（一）线上收益暂不明朗

自疫情以来，线上演出受到了极高的关注度，但高关注并没有为新文艺群体带来相应的高收入。

以西安交响乐团为例，虽然一系列的"云上交响乐"演出为其吸引了大量关注，而随后开发出的付费线上音乐会，三场演出却仅有792元的票房收入。虽然线上演出收入微薄，但通过"云上交响乐"带来的影响使西安交响乐团在恢复演出后收到了来自全国各地的演出邀约，其中不乏大型企业与商业品牌活动。

对于与线下实体紧密相连的新文艺群体而言，线上演出究竟能否被公众接受，从而进一步演化成常态项目，商业与观众都需要有一个观察期，而在这之前，大部分原本依托线下实体的新文艺群体，依旧需要靠线下转换来收取线上关注带来的红利，这个阶段的线上演出，更像是新文艺群体的一次线上宣传。

（二）演出质量参差不齐

线上演出难以实现变现，很大一部分原因在于线上演出的作品内容无法适应线上的演播特征，目前有一部分演出产品属于线下作品平移线上的产物。

创作者忽略了线上艺术特殊的形态与受众接受方式，只是粗暴地将线下已有作品平移至线上，这样的作品显然无法适应线上呈现的需求，呈现效果差，严重地伤害了艺术作品，也在很大程度上让第一次接触这一类型演出的观众，对该类型的演出造成误解，极大伤害了市场的发展。

例如在疫情期间，河北精英文化在线上做的戏剧演出展播，一味地将原本仅用于现场记录的演出录像不加二度创作的放置在线上播放，使得原本口碑极佳的几部音乐剧、儿童剧都因播出效果差而引发了观众的不满，伤害作品、伤害品牌、更伤害了市场的长远发展。

（三）流量资源分配不均

在各文艺群体转战线上后，新一轮的内部竞争开始展现，这体现在线下发展已具规模和影响的新文艺群体，在转战线上后获得了大量的流量支持，而原本活跃于线上的小流量文艺群体与线下不够知名的团体被严重打压。

我们能够看到，在 2020 年线上文艺急速发展的过程中，类似于开心麻花、孟京辉戏剧工作室、摩登天空旗下厂牌、德云社等新文艺群体中的佼佼者能够迅速获得大流量平台的青睐，而大多的小众艺术，独立创作者更难在这样的环境中杀出重围。例如户县农民画家，他们自身的发展一直与线下的旅游产业紧密相连，在旅游产业受到疫情的冲击后，他们也尝试过利用网络推广自己，但却面临着不懂网络技术、不懂网络运营、没有大流量平台推广支持而淹没在品类繁多的线上艺术中，没法呈现自己的形象和声音。

更有如地方戏曲、边远地区的农民艺术家，他们依靠每年的节庆活动演出为生，而这些活动受疫情影响很少举行，为求生计，一些民间艺人及学徒转行打工寻求出路，民间曲艺、戏曲队伍加速萎缩，一些非遗曲种面临加速失传风险。

（四）行业竞争有待规范

随着线上演出、放映的不断增多，电影行业的院线与流媒体之争则愈演愈烈。

疫情期间，全国院线全部暂停营业，春节档所有电影撤档，而撤档后转投线上的《囧妈》成为新文艺群体线上突围中最引人关注的一个案例。

2020 年 1 月 24 日，欢喜传媒发布公告，宣布与字节跳动订立合作协议，在与在线视频相关的多个领域展开合作。随后，电影《囧妈》对外宣布，大年初一线上免费放映，播出平台包括抖音、西瓜视频、今日头条、欢喜首映等平台。欢喜传媒也终止了此前与横店影视达成的24亿票房保底协议，这就意味着，院线与发行公司前期所有的宣发投入付之东流。

一直以来，院线凭借线上、线下的宣传、先进的视听技术、影院观影氛围与线上播放相抗衡，最重要的是院线靠着与网络线上媒体相隔一定时间的"窗口期"来盈利，而欢喜传媒的行为，直接引发了电影行业的强烈不满。

上海市、南京市、徐州市等八地电影行业55 000名从业人员发布声明谴责《囧妈》的线上上映行为，"《囧妈》绕开传统院线影院，临时改为网络在线首播并且免费，意味着现行的电影公映窗口期已被击碎，对于影视营收和行业多年来培养的付费模式相左，是对现行中国电影产业及发行机制的践踏和蓄意破坏，会起到破坏性的带头作用"，并呼吁相关部门密切关注，严格监管。据统计，参与声讨的院线公司占到全国院线的70%，一时间院线和欢喜传媒剑拔弩张。

（五）版权保护亟待完善

疫情期间，北京人艺（北京人民艺术剧院）在搜狐网上推出了《北街南院》这一部剧目的免费放映，但在网上搜索后可以发现，除了搜狐之外，腾讯、优酷等视频网站也可以找到完整的该剧视频，而北京人艺未经官方公开的《茶馆》《窝头会馆》《天下第一楼》《雷雨》等，以及国家话剧院的《北京法源寺》《四世同堂》，孟京辉戏剧工作室的《恋爱的犀牛》，台湾表演工作坊的《暗恋桃花源》等热门经典剧目，在网络上都可以看到全剧视频。

网络上现有的演出视频，很多内容是一些戏迷、网友将正版发行的影像资料上传到网上供大家分享，因为不是商业用途，只是用于观摩交流，而这一类仅用于观摩交流的上传分享行为，也很难界定侵权责任，所以大多数版权方并未深究。

随着线上演出的发展，新文艺群体需要依托版权转化收益，对于这些非官方播放的线上演艺内容的版权问题，还是需要得到统一的管理与规范。

四、新文艺群体线上发展困境的思考

（一）加速各层级新文艺群体组织的建设

随着新文艺群体的发展，中国电视艺术家协会、中国电影家协会、中国文联陆续成立了中国电视艺术家协会新文艺组织和新文艺群体工作委员会、中国电影家协会青年和新文艺群体工作委员会等组织。为推动新时代社会主义文艺繁荣兴盛，加大创作扶持，中国文联还建立了新文艺群体创作人才库。

各层级新文艺群体工会、人才库的建立，改变了新文艺群体"无家可归"的状态，使得从业者更有归属感，其权益也更能得到保障。面对线上发展呈现出的更多权益保障需求，加速对新文艺群体组织的建设、针对发展现状完善保障体系等，都是疫情下催生而出的新要求。

（二）完善公共文化服务

1. 持续提供公共文化供给

疫情之前，政府相关部门对新文艺群体的扶持多体现在线下，协调演出场地、提供更多的政府性演出机会等。疫情后，面对线上文艺文化活动逐步生态化的发展需求，政府部门在继续对线下扶持的同时，也应关注新文艺群体线上发展的需求。

2020 年，文艺文化演出大规模转战线上，市场化程度更高的新文艺群体显现出巨大的优势，其中的代表性团体、个人与商业资本相结合，迅速抢占大平台流量，吸引大量网民的关注。另外，一些老牌的文艺团体因其多年累积，拥有大量的精品作品与完善的创作团队，也能够吸引大平台的合作。

两方具有绝对优势的文艺群体迅速瓜分线上资源，使得新文艺群体中的个体独立创作人、小众文化传承者、边远地区的农民艺术家等边缘群体在这一波资源大战中生存更加困难。

面对这样的问题，建立针对新文艺群体的线上发声、展示平台，给予发展中的新文艺群体推广支持，成为当下新文艺群体长远发展的需求。

2.展开针对线上发展需求的专业技能培训

新文艺群体队伍中，对线上技术的认知与掌握水平差距较大，相关部门应该做好面对不同层次的专业技术培训工作。针对不同背景的新文艺群体，做好分层建设、全阶段培训的技能培训设计。

部分新文艺群体并未掌握新技术的运用，这一现象在部分传统艺术群体、边缘地区新文艺群体中比较常见。他们有向线上转变的想法，却碍于没有条件了解和学习新技术而难以发展。对于这样的问题，相关部门应该重视技术普及，提供相关的技术培训，帮助其拓宽新的发展之路。

另外，部分新文艺群体没能深入了解和把握线上艺术的特殊性，依旧使用线下创作的老思路、老方法，最终使得作品无法适应线上发展需求。针对这样的情况，相关部门应当重视行业内交流平台的搭建，帮助更多新文艺群体在转型中找到突破点。除了帮扶性技能培训，新文艺群体更想看到的是相关部门能够起到引领与牵头作用，积极引进国外先进技术经验、运营思路、推进配套产业的发展，以及引导新文艺群体与其他行业的跨界合作，为整个线上文艺文化产业的发展指引方向。

（三）加速线上演出的独立化

经过 2020 年近一年的实践，不难看出，线上艺术产品从线下脱离、独立是必然趋势，也是线上演出变现的前提。线上艺术作品的独立更需要创作者了解线上演播的各类呈现方式、线上观众的需求以及线上传播的规律等。

通过 2020 年近一年的线上实践，可以发现，受关注度高、变现能力佳的作品，也大都符合线上传播的特点，能够满足线上受众的观演需求，并且这些演出在线下演出开放后并未受到线下演出的冲击，反而有相互助推增长的现象。

疫情期间最受青年乐迷追捧的"线上草莓音乐节"，第一季 5 天观看节目总人次达到 567 万，在第二季筹备时就完成了商业变现，得到了商业赞助。而通过《乐队的夏天》《明日之子》"线上草莓音乐节"等一系列线上演出，2020 年在开放演出市场后，音乐节的井喷现象令人关注。

仅国庆 7 天时间，全国共举办了 23 场大型音乐节，而 2020 年音乐节的票价也随着音乐人们的线上热度暴增而水涨船高，见表 1。

表1　2017—2020 年西安"线上草莓音乐节"预售票价统计

年份	单日票（元）	通票（2 日，元）
2017 年	220	380
2018 年	240	400
2019 年	260	450
2020 年	300	520

国庆期间，不光是音乐节与各类线下演出繁多，线上音乐演出在线下演出市场开放后依旧火热，并且演出的排期也十分耐人寻味。

不同于线下演出集中在节假日里，线上演出选择了假日前后的档期进行演出，充分考虑到用户的使用场景与心理，与线下演出互补的同时，发展出独立的运营思路与产品生态。

以往，从业者往往担心线上演出会影响观众线下观演的热情，但"线上草莓音乐节"在产品设计上给出了打消这一顾虑的答案。与其说"宅草莓"是云音乐节，不如说是一次音乐人和用户的深度交互。

"线上草莓音乐节"最大的特点除了展现乐队的演出，更多的笔墨停留在对音乐人的生活化展现，揭开音乐人日常生活中的一面，以及利用网络时空不受限的特点追忆往届音乐节，使"宅草莓"依附于线下音乐节的模式之外更有适应于网络特点的部分。

而戏剧行业，疫情期间尝试线上直播的演出作品也随着戏剧市场的开放回到实体舞台，曾在网络直播上备受关注的《灵魂摆渡之永生》与《在远方》等原创音乐剧在线下售票时依旧一票难求。

至此，从业者对于线上、线下相互干扰的疑虑也逐渐打消，但也同时普遍达成共识：线上演出并不等于传统演出的直播化，而是要在内容制作、互动体验上作出适应网络生态的新形态，只有这样才能保证作品在线上、线下的生命力。

（四）加强线上演出的内容管理

随着新文艺群体的线上发展，线上演出的增多，对于演出内容管理上也提出了更多的要求，除了对内容的审核外，伴随着直播带货热潮，新文艺群体的创作方向与创作思考也有了更多的转变。

新文艺群体线上转型的过程中，由开心麻花与电商天猫超市联手打造的国内首部直播喜剧秀《请您笑纳》引发了多方的关注与讨论。在对《请您笑纳》节目的案例分享中，上海开心麻花总经理汪海刚介绍道："直播作为未来最主流的新媒体之一，此次《请您笑纳》不再是吆喝卖货的销售场景，而是通过喜剧内容的植入，为品牌和商品即时'种草'。将笑点、情感点和价值观带到直播内容中，让冰冷的商品变得动感、鲜活。"

对于直播而言，这无疑是一次突破性的创新尝试，但对于定制演出，这并不是第一次出现。2020 年 12 月，由上汽通用汽车凯迪拉克品牌原创出品的超体验影音剧《芯上人》线上、线下同步上演。定制内容创作也成为新文艺群体创作时一种新的商业尝试。

但随着资本对创作的影响的加深，定制内容创作会发展成怎样的状态？其艺术性还能否被保留？这都将成为影响作品质量的重要问题，而作为市场化程度极高的新文艺群体，面对这一类创作时该把握怎样的尺度？

艺术作品中的广告植入与演出的主题内容该呈现出什么样的比例？这些都需要由管理部门进行一定的指导，出台相关参考规定，创新管理方式，坚守好新文艺阵地。

（五）建立适应市场的行业规范

疫情期间，《囧妈》线上播放引发的争论，直接反映出的是线下院线、线上媒体平台与制作方三方之间的利益矛盾。

一直以来，院线掌握着线下流量的分配，即排片量，这直接影响到影片的最终票房。线上视频播放平台也受制于电影公映窗口期的限制，难以争取到优秀片源。制作方也因前期投资成本大，传统院线抽成高、排片资源分配不均而急需新的突围之路。

《囧妈》事件中所披露出的电影产业中的矛盾，是未来电影行业发展中急需解决的问题。在内容没有明显场景化差异的情况下，如何做好线上与线下的共同发展，各自发挥场景优势，除了需要新的作品形式突围，还需要建立起适应行业发展的市场规范，避免恶性行业竞争。这是市场发展对监管部门提出的新要求，也是未来线上、线下同步良性发展的基础保障。

（六）加强创作版权的保护力度

随着线上文艺文化交易的活跃，线上版权的保护被更多新文艺群体重视。为了加强对知识产权的保护，提高侵权违法成本，《民法典》规定："故意侵害他人知识产权，情节严重的，被侵权人有权请求相应的惩罚性赔偿。"

无论是从立法还是从新文艺群体的需求的角度，都能看出对知识产权的重视，但在实际的执行过程中，新文艺群体依旧面临版权注册费用高、维权难、版权开发不够深入、缺乏专业运营管理人才等问题。在线上文化交易越发频繁的当下，上述问题更加亟须解决。

如何为新文艺群体开放相关公益版权注册、建立维权律师团队、成立版权开发与产业交流团队等艺术管理体系、搭建新文艺群体服务平台，都在线上的急速发展中愈显重要。

区域形象与塑造

西安国家中心城市旅游形象
传播的策略与路径

陈　琦*

摘要： 西安旅游资源类型多、品位高、极具特色，但是旅游业发展却相对滞后。作为陕西省的省会与主要的旅游目的地，西安市在陕西省旅游业发展中起着非常重要的作用。本文基于西安市的文化底蕴与资源特色，探索西安国家中心城市旅游形象的传播原则、传播方略与辅助策略，以期为增强西安市旅游吸引力、促进文旅产业发展、有效提升其国家中心城市的旅游形象建言献策。

关键词： 国家中心城市；城市旅游形象；传播策略

西安市作为世界知名的旅游名城之一，十三朝古都的深厚底蕴，赋予西安市"中国天然历史博物馆"的美誉。早在20世纪80年代国内旅游业刚刚兴起时，西安市就凭借诸如兵马俑、大雁塔、古城墙等知名的人文旅游资源而享誉中外。但在国内外旅游业蓬勃发展时，陕西省旅游业的发

---

　*　陈琦，西北政法大学新闻传播学院教授、副院长。

展却较为缓慢，伴随着社会生活水平的提高，旅游产品因人们个性化需求已经进入了细化时代，而西安市多年来一直以文物旅游为主体的旅游产品使得独特的自然资源如大陆东部最高山峰——"六月积雪"太白山、生物基因库——秦岭自然生态保护区等一直掩盖于人文资源之下鲜为人知，进而人们对于西安旅游的印象至今停留在"白天看庙，晚上睡觉"这个层次上。游客到了文物景点，只能全神贯注地听讲解员讲，静态观光和动感体验未能结合，使得西安旅游业呈现出与资源不符的缓慢发展态势。

西安旅游资源类型多、品位高、极具特色，因此被称为西安六大特色产业之一。西安旅游业发展与西安经济社会建设及人民生活水平提高关联密切，同时，西安市作为陕西省省会、历史文化名城，其旅游业提质增效发展也标志着陕西建设国家中心城市旅游形象的能力，因而研究作为历史文化名城的西安国家中心城市旅游形象，进而迅速增加西安市的旅游吸引力、有效提升其国家中心城市旅游形象，以争夺更大份额的境内外客源市场，成为西安市旅游发展中迫切需要解决的问题。

一、西安国家中心城市旅游形象传播现状

西安旅游资源得天独厚，是海内外著名的历史文化名城之一，同时也是公认的人类文明和中华民族优秀传统文化的发祥地之一，有着 3100 多年的建城史，先后有周、秦、汉、唐等 13 个王朝在此建都，曾经是中国政治、经济文化中心和最早对外开放的城市，闻名遐迩的陆上丝绸之路就是以长安（今西安）为起点的，是与雅典、罗马、开罗齐名的世界著名历史古都。

西安市不仅是西部地区重要的金融、商贸中心，还是西北通往西南、中原、华东和华北各地市的门户和交通枢纽、信息枢纽。西安地区文化遗产极为丰富。境内现有重点文物保护单位 314 处（其中国家和省级重点文

物保护单位 84 处），古遗址、陵寝 4000 多处，出土文物 12 余万件。秦始皇陵是最早列入世界遗产名录的中国古迹，秦始皇兵马俑坑被誉为"世界第八大奇迹"。目前世界上保存最完整、规模最大的古城墙——西安明城墙及周丰镐、秦阿房宫、汉长安城、唐大明宫四大遗址等，皆为人类珍贵的历史文化遗产。作为历史文化名城的西安市，国家中心城市旅游形象的提升对于西安市整体形象的发展至关重要。旅游管理机构的合理设置、旅游资源的开发与保护、旅游服务质量的监管等，都是外地游客对西安国家中心城市旅游形象的整体认知内容，在很大程度上影响着西安国家中心城市旅游形象的传播效果。

在加大西安国家中心城市旅游形象的软硬件建设、加强传播能力建设等方面，西安市各级政府一直在努力。科学设计国家中心城市旅游形象的符号系统、整合多重旅游资源、综合利用多种传播渠道，大力提升西安国家中心城市旅游形象。

（一）西安国家中心城市旅游形象传播所取得的成绩

1. 旅游服务形象

随着西安市交通、餐饮、住宿、商业、娱乐、信息产业取得较大发展，西安市的主要旅游景区（点）的道路交通、通信环卫和水电等基础设施也得到了显著改善。相关旅游服务的规章制度进一步得到完善，旅游服务软件建设进步明显。初步形成了功能齐全、协调配套的旅游服务软硬件体系，城市建设和旅游发展形成相互促进、良性互动的局面。

2. 旅游产业形象

近年，西安市旅游精品线路和旅游产品开发、旅游相关产业都得到发展，西安旅游的综合竞争力逐步提高，旅游产业的积极形象得以树立，国际遗产旅游典范城市的功能已逐步显现。旅游产业链条紧紧围绕"行、游、住、食、购、娱"等几大要素，旅游产业体系日渐成熟，发展势头强劲，已成为西安国民经济中发展最快的行业之一。

3.旅游品牌形象

西安旅游较大程度地发挥了历史、人文、自然等资源优势，培育和发展了一批有影响的精品旅游景区和线路。根据市场划分为海外市场产品、国内市场产品和专项旅游产品三大类旅游产品。海外市场产品包括古都遗产旅游、御汤温泉度假旅游、修学旅游、祖庭朝拜等。根据《西安市2004—2020年城市总体规划》所述，国内市场产品包括：民俗体验旅游、秦岭山水休闲游、都市商务会展旅游、泾渭滨水休闲游、夜间娱乐休闲旅游等。专项旅游产品包括自助旅游、古都步行旅游、古都摄影之旅、黄土高原自驾体验、军事科技旅游、红色之旅、工业遗迹旅游产品、宫殿陵寝建筑科考、考古专项游、寻访传奇人物足迹游、西安美食游、城市变迁科考游、周秦汉唐文化主题游等。三大旅游产品都呈现出了人文景观和自然山水景观交相辉映的良好形象。

（二）西安国家中心城市旅游形象传播存在的问题及原因分析

1.西安国家中心城市旅游形象传播存在的问题

西安市虽然有着发展旅游业的巨大优势，经过多年努力，也取得了较大成绩，积累了许多经验，形成了一些利于旅游业发展的有利条件。但是还存在不少问题，制约着旅游产业主导地位的进一步发挥。

首先，城市旅游功能不尽完善，发展水平不高。国际国内的航空、陆路运输系统需进一步完善，市内交通拥堵现象严重，旅游车辆老化；缺乏足够、达标的卫生设施；旅游指示系统数量不足、不规范等，给游客的游览带来极大不便。

其次，旅游产品以文物观光旅游为主，结构单一，不能完全适应现代旅游业发展的需要。旅游市场开拓能力低，宣传、开发力度欠缺。根据《西安市2004—2020年城市总体规划》所述：文化旅游商品创意、设计水平低下，市场不规范，导致旅游产品效益差，创汇能力低。

再次，西安市不同地区国家中心城市旅游形象传播发展不均衡。秦始皇兵马俑、大雁塔、碑林等较为著名的景点形象传播开展较早且取得了突出成就，其他景点则发展较慢，相对差距较大。造成西安国家中心城市旅游形象吸引力不均衡，整体竞争力不够强，尤其影响其国际形象传播。

最后，在挖掘西安市文化资源优势、打造西安国家中心城市旅游形象过程当中对于西安市的东方古都文化强调力度不够，致使西安国家中心城市旅游形象传播中自身文化特色不够鲜明，与其他区域的国家中心城市旅游形象区别度不高，西安国家中心城市旅游形象的核心吸引力和竞争优势未能充分显现。

2. 西安国家中心城市旅游形象传播存在问题的原因分析

从国家中心城市旅游形象传播的角度来分析，存在以上问题的原因有以下几方面。

（1）个别旅游单位形象传播主体意识不强。

① 国家中心城市旅游形象传播机制不够完善、国家中心城市旅游形象管理机构责任不明确、设置不清晰。

② 注重短期旅游促销而忽略长线建设，"门票型经济"仍占主导地位，影响了国家中心城市旅游形象传播长期效应的形成。

③ 传播主体内部深层合作意识不强，条块分割现象依然严重，组织传播条理欠缺，全方位立体的国家中心城市旅游形象模糊。

（2）国家中心城市旅游形象传播过程中存在着一些问题。

① 形象定位阶段：a. 观念保守，不能用发展的眼光看问题。对市场竞争情况了解不足、在旅游市场多元化的大背景下，单一的国家中心城市旅游形象定位难以抗衡外来挑战；b. 主要目标受众定位不够明确、传播范围模糊。

② 形象传播阶段：a. 对市场调查分析重视不足，导致后续传播工作的滞后乏力；b. 传播渠道与传播方式的选择不科学，未能将其进行有效整合，导致传播辐射面较小、传播效果不佳；c. 国家中心城市旅游形象的表意元素未能深入挖掘、形象符号与旅游信息本身结合不够贴切、融合程度

较低；d.忽视国家中心城市旅游形象传播效果的监测，不能及时对传播活动作出灵活调整。

二、西安国家中心城市旅游形象的构成要素

（一）西安国家中心城市旅游形象的传播者

作为传播活动的主体，国家中心城市旅游形象传播者担负着旅游信息采集、发布的工作，在传播活动过程中占据主导地位。可以说，传播者决定着国家中心城市旅游形象传播活动的存在和发展、传播内容信息符号的质量、数量与流向，还对整个国家中心城市旅游形象传播活动起着决定性的作用。[1] 国家中心城市旅游形象的传播者可以从广义和狭义两个层面上来理解。广义上的西安国家中心城市旅游形象传播者包括了西安市民在内的可能给外部游客带来整体或具体旅游印象的主体因素，当然最直接与游客接触的是旅游、住宿、餐饮等服务行业的工作人员。这是因为，国家中心城市旅游形象并非抽象的，而是具体化的，游客到西安市旅游，对西安市民及相关服务人员的印象常常会直接转化为旅游印象的重要部分；狭义上的西安国家中心城市旅游形象传播者主要指西安各级政府主管单位、旅游管理部门、景区的具体管理者，他们对西安国家中心城市旅游形象的形成往往起到了决定性的作用。

（二）西安国家中心城市旅游形象传播的受众

受众指的是传播活动的信息接收者。旅游目标客源市场的现实和潜在游客，是国家中心城市旅游形象传播的主要目标对象，在国家中心城市旅游形象传播活动中扮演着受众的角色。受众在国家中心城市旅游形象的首

---

① 邵培仁.传播学［M］.北京：高等教育出版社，2000：72.

次传播活动中虽然较为被动，但在信息接收与否和接受程度上则显示出了较大的主动性，并且在二级传播过程中又兼任了受传者和传播者的双重角色。随着旅游业的发展，各地会议旅游、商务旅游次第出现，旅行商、投资商、各种会议和展销代表等也加入了国家中心城市旅游形象传播受众的队伍。① 西安市作为西部经济较为发达的城市，这些受众在国家中心城市旅游形象传播过程中也不容忽视。

（三）西安国家中心城市旅游形象传播的内容

传播学中的信息符号包括语言符号和非语言符号两大类。国家中心城市旅游形象传播中的语言符号主要包括旅游宣传口号、旅游解说、旅游风光片的介绍以及旅游广告中的文字性内容等。视觉性符号、听觉性符号、行为性符号和嗅觉性符号等则属于非语言符号的范畴。

国家中心城市旅游形象传播的内容主要包括了旅游消息、资料、知识、数据等信息。但信息本身是无法直接进行传递的，必须经过一个系统化、符号化的编码过程。因此，对于西安市这样一个旅游资源相当丰富的城市来说，旅游信息是纷繁复杂的。对其进行取舍、优化组合，形成易于传播的信息符号系统，对于西安国家中心城市旅游形象的有效传播来说是非常重要的。在实际的传播过程中，根据不同时期和不同目标客源市场的旅游消费需求是有所不同的，国家中心城市旅游形象的传播应围绕西安国家中心城市旅游形象定位，组合相关旅游信息，确定主题和内容，才能科学、有效地开展西安国家中心城市旅游形象的传播活动。

（四）西安国家中心城市旅游形象的传播渠道

我们知道，传播渠道指的是记录、保存、处理、传递、表现信息的媒介，是信息传递或接受信息反馈过程中的载体和中介；传播学意义上的媒

---

① 李蕾蕾.旅游地形象的传播策略初探［J］.深圳大学学报（人文社会科学版），1999（4）：87-93.

介是指传播信息符号的物质实体，比如传播声音符号的广播，传播声音信息符号和图像信息符号的物质实体是电视和电影等。传播学的集大成者施拉姆认为，"媒介就是介入传播过程之中，用以扩大并延伸信息传送的工具"[1]，著名传播学者麦克卢汉认为，"传播媒介是传播过程的基本组成部分，是传播行为得以实现的物质手段"[2]，足见媒介在传播过程中的重要性。西安国家中心城市旅游形象的传播媒介主要在大众传播和人际传播的范畴内。同时我们还应该认识到传播媒介的实体性、中介性、负载性、还原性、扩张性等特征。[3]

认识西安国家中心城市旅游形象传播媒介的特点和作用，把握传播媒介的运行机制，对于西安国家中心城市旅游形象传播者扬长避短、科学选择媒介或进行媒介整合，达到良好的国家中心城市旅游形象传播效果有重要作用。

大众传媒在西安国家中心城市旅游形象传播中发挥的作用不容忽视，例如西安广播电视台健康快乐频道《快乐旅游》、陕西广播电视台《畅游天下》等电视栏目就是以轻松快乐的风格，对建构西安旅游新形象起到了重要作用。同时，口碑的人际传播和网络、手机等新媒体对提高西安国家中心城市旅游形象知名度、美誉度的作用也不可小觑。

（五）西安国家中心城市旅游形象的传播效果

与其他学科不同的是，传播学的研究是从效果入手的。信息在经过各种传播渠道之后在受众的认知、行为、情感上产生的影响和作用即为传播效果。西安国家中心城市旅游形象的传播效果即可理解为游客或潜在游客在接受了媒介传递的信息后，在立场态度、思想感情、行为举止等方面

---

[1] 施拉姆，波特.传播学概论［M］.陈亮，周立方，李启，译.北京：新华出版社，1984：340.
[2] 麦克卢汉.理解媒介：论人的延伸［M］.何道宽，译.北京：商务印书馆，2000：23-24.
[3] 邵培仁.传播学［M］.北京：高等教育出版社，2000：148-149.

所发生的变化，这也是西安国家中心城市旅游形象策划和传播的出发点和归宿。

国家中心城市旅游形象传播的效果测定可以通过科学抽样调查传播活动前后的识别度之差来确定。具体包括知名度、认可度、美誉度等参数。一般情况下，国家中心城市旅游形象传播对于游客的影响可以分为信息、态度和行为三个层次。信息层次是指国家中心城市旅游形象信息完整清晰，使游客能够关注、重视，从国家中心城市旅游形象信息中获取知识；通过传出的旅游信息使游客或潜在游客在感情上认同或扭转负面观念，对旅游地产生兴趣，即为态度层次；最后上升到行为层次，则是潜在游客在感性和理性的认知之后，采取到旅游地去旅游的行动，这也是国家中心城市旅游形象传播所应该达到的效果。

三、西安国家中心城市旅游形象传播的策略与思考

塑造西安国家中心城市旅游形象，建构顺畅的传播渠道，需要传播者掌握西安物质、文化、制度等多方面的软件、硬件要素，并有效地加以利用。国家中心城市旅游形象传播在实际操作中可以借鉴传播学当中的许多原则和方法，在传播策略上与广告有很多相通之处。在对城市整体形象的宣传塑造方面，类似于公益广告；在对国家中心城市旅游形象的宣传，借以促动潜在游客的旅游行动力方面，则与一般商业广告并无二致。商业广告的策略以市场营销学为基础，主要影响旅游者的行动决策，还可影响潜在旅游者形成关于目的地的认知印象。[①] 大众传播主要是指由各种专业大众传播机构（如报刊、电台、电视台、电影等大众传播媒体）向数量众多而又广泛散布于社会生活各领域、各阶层的受众群（读者、听众、观众等）传播各方面信息或精神产品，在国家中心城市旅游形象传播中采用大众传

---

① 李蕾蕾. 旅游地形象的传播策略初探［J］. 深圳大学学报（人文社会科学版），1999（4）：87-93.

播手段，可以较长期地影响旅游者对目的地的认知印象。[①]

（一）西安国家中心城市旅游形象传播原则

1. 注重个性化与共性化相结合原则

要想更多的外国公众了解与认识西安市，就必须呈现这座城市鲜明的个性与风格，并且在传播中积极地彰显、有效地传播。地方个性是各地方在发展过程中逐渐形成的与其他地方截然不同的自然与人文特点，具有主观和抽象的双重含义。它既包括有形的地方直观形象与景观特色，也包括无形的地方心理和文化氛围。这在当今中国许多地方"同质化"、鲜明特征越来越少的大背景下显得更加重要。地方个性表现在地方的山水风景、标志性建筑、历史文脉、特色街区、特色活动、特色经济、特色民俗等方面。这些内容对于那些对中国历史、文化、民风不甚了解，又有着浓厚兴趣、渴望多了解一点的外国公众来说是新奇而充满吸引力的。抓住这些个性化的特点对外进行地方形象传播，能够给外国公众留下深刻印象。地方形象共性是指为世界各种文化所共同认同的人类优秀品质和社会高尚道德、现代社会共同的价值取向和价值追求，如善良、勇敢、上进、礼貌、勤奋敬业、乐于助人，以及社会和谐、政治民主、法制完善、科技进步、人文关怀等。这些共性的内容是全人类追求幸福生活的最终目标所决定的，地方的公民形象、政府形象都可以包含这些共性的因素。无论什么样的地方，在事实基础上对外传播这些共性内容的时候，都不会引起其他文化背景受众的反感。

2. 强化人文原则

在西安国家中心城市旅游形象对外传播的过程中，尽量少一点政治内容，多一点人文内容。西安外宣品的制作，应注重人情味，用感染人的故事为地方形象增光添彩。用最接近百姓、发生在人们身边的事情作为地方

[①] 李蕾蕾. 旅游点形象定位初探：兼析深圳景点旅游形象［J］. 旅游学刊，1995（3）：29-31，61.

外宣的素材，从百姓的视角去观察，以人为本，以小见大，更容易被外国公众所接受。

段连城评论上海的大型外宣摄影画册《上海一日》时，对于该画册在"申城纵览"里用了多幅上海普通市民的照片，包括火车站的红帽子搬运工、在作画的金山农民、在聚会的前资本家（市工商联成员），以及展现打太极、买早点、晾衣服等，表现了丰富多彩、积极向上的上海都市生活，给予了高度评价。画册里还有一张照片展示了在一间鸽子笼一样拥挤的阁楼住房里，竟辟出了一块养鸽子的地盘，照片下的解释语为，"上海人的住房还嫌拥挤，上海人的心地却很宽广"，段连城指出，"这包含了外国读者所喜爱的幽默感"。《上海一日》通篇没有政治宣传，却较好地展示了上海市民的良好形象，也潜移默化地使外国读者了解：上海是一个在中国共产党领导下的欣欣向荣的大城市。

3. 真实、准确、及时原则

真实原则是传播的本质要求，指的是在对外地方形象传播中，通过提供事实客观报道，达到对外传播目的。拉斯韦尔和 C.R. 赖特认为，传媒应该提供"客观报道"而不是传媒机构本身的观点与立场。一篇充满了传播者立场、观点的信息是很难被民众认同的。因此，多报道各地发生的事实远比宣传地方政府、地方管理者的观点有效。

在对外形象传播中还应避免片面报道，即通常所说的"报喜不报忧"现象。外国一般会将中国地方对外传播的好消息与西方媒体对中国社会问题的负面报道进行对比，进而对我国地方对外传媒的公信力质疑。因此，无论报喜还是报忧，报道中都要遵守准确原则。准确原则要求媒体所报道、传播的信息要尽量贴近可观事实，数字要尽量精确，避免或减少错误，少用概括化、模糊化的语言。信息准确的要求是西方人的线性思维定式所决定的。这些量化的信息有助于让西方受众相信传播的真实性。地方政府发布的信息准确率高，本身就说明政府工作扎实、运转顺畅、效率高，对提升地方政府形象起正面作用。

及时原则，即在第一时间获得话语权尤其是国际话语权。当前媒介生态与过去不同，消息的控制难度极大。地方信息的对外传播一定要注意及时性，即不仅好消息要及时传播，突发的不好事件也要及时传播，尽量迅速地向国内外媒体提供权威的声音，掌握国际传播的主动权。

4. 易于受众理解原则

在国家中心城市旅游形象的对外传播过程中，受众理解原则是指要注意使用一般外国受众能够理解的概念和语言，而避免使用非常中国化、外国受众难以理解的内容。比如把"梁山伯与祝英台"译为"中国的罗密欧与朱丽叶"就是用外国人能理解的东西来传播中国的信息。西安市的许多旅游景点甚至一些普通的街道名称都有数百年甚至上千年的历史，比如"等驾坡、引驾回"等地名都是唐代"安史之乱"期间唐明皇李隆基所赐，如果用简单的音译，则是对旅游资源的巨大浪费，也不利于外国游客的理解。在国家中心城市旅游形象的对外传播中，应善于使用类比的方法，用受众便于理解的概念去传播本土的信息，以实现更好的传播效果。

5. 平实、有效原则

平实原则是指在对外西安国家中心城市旅游形象传播中，要坚持朴实而不夸张、不吹嘘的文风，用平实的语言介绍本地。传播内容要尽量包含有效信息，给外国人以指南的作用。平实文风在以外语为媒介的传播中尤其重要。汉语相对于外语而言，讲究韵律、格调，注重辞章的华美。使用形容词多，排比句多。当下，一些地方外宣材料的汉语文本华而不实、堆砌辞藻，外国公众很难理解。外国人到了当地实地考察会与其本国情况进行对比，如果发现这些宣传言过其实，更会觉得我们各地的对外传播失真、夸大，从而损害地方形象；另外，如果文字传递的信息过于泛泛，读者也无法从这些文字中获得有价值的信息，也会降低传播的有效性。因此，在组织地方对外形象传播的文案时，应注意语言平实，首先传播事实和信息，而不是传达形容词。在传播中可以使用趣闻、轶事、谚语及其他能引起外国人兴趣的内容，但不能过分夸张。

（二）西安国家中心城市旅游形象传播方略建议

1. 时空结合，立体传播

国家中心城市旅游形象的传播应该讲究因地制宜，考虑在地理空间方面的落实和操作，同时，向外部空间传播和向本地空间传播的方法和策略应该区别对待[①]：同样的传播内容，在不同的时间、空间环境下，宣传的效果会有较大差别。

首先，应该合理安排传播活动发布的时间和频率。在时间的把握上，集中时间发布和均衡时间发布，是两种较为常见的时间策略。在发布频率上，有固定频度和变动频度两种形式。[②] 根据不同媒体的特点，在不同的时期，需要采取不同的传播方法和策略。例如黄金周、小长假等旅游高峰期前夕，就是国家中心城市旅游形象宣传的最佳时期。可以到主要目标客源地举办国家中心城市旅游形象推广活动，包括新闻发布会、主流媒体集中时间的广告宣传等，叠加式的形象传播经常能起到强化的宣传效果。在广播、电视等一些视听媒体进行旅游广告发布的时候，还应注意节目所处时段的变化，以便更大面积覆盖潜在受众群。需要强调的是，均衡时间的发布指的是长期的宣传效应，这需要将日常宣传和重点宣传结合起来，潜移默化地在受众心中建立和固化国家中心城市旅游形象。

其次，在旅游目的地的外埠区域进行传播时，要依据受众在空间的分布状况和传播媒介的区域影响力来进行。一般情况下，应根据旅游目标客源地的重要程度划分为核心区域、重点区域、次重点区域、一般区域等。

最后，在旅游地内部的不同空间区域，依据其不同特色，有针对性地实施国家中心城市旅游形象的传播策略。同时还应根据旅游者对旅游地

---

① 李蕾蕾.旅游地形象的传播策略初探［J］.深圳大学学报（人文社会科学版），1999（4）：87-93.

② 汪涛.现代广告学［M］.武汉：武汉大学出版社，1998：37-42.

形象空间的认知过程和规律，以及旅游地的空间层次结构，有节奏、有韵律地进行国家中心城市旅游形象的空间传播，并应注意点面结合——既应注重国家中心城市旅游形象传播面的覆盖，又应注重关键旅游点形象的强化，通过点去带动面。① 如可以选择秦始皇兵马俑、华清池、古城墙等旅游景点作为国家中心城市旅游形象传播的重点宣传对象，逐步带动市内其他景点的知名度和国家中心城市旅游形象的提升。

2. 注重人际传播，形成口碑效应

口耳相传的人际传播对国家中心城市旅游形象的影响也是不可小觑的。这种在两者或两者以上之间进行的面对面的或凭借电话、书信等简单媒介的信息交流活动，对潜在旅游者对旅游目的地形成预期具有重要影响，很大程度上左右着潜在旅游者的旅游行动力。旅游者在西安地区旅游后的综合印象，如旅游资源开发和保护的状况、旅游产品的特色、旅游服务质量等资讯，通过旅游者之口传到大量潜在游客的人际交往圈中，则会因为其亲历性，可信度和影响力明显提高。同时，这种面对面的无阻碍的信息传递方式更有利于国家中心城市旅游形象口碑效应的形成。

在对桂林进行的一次游客抽样调查中显示，人际传播在游客了解桂林的渠道中位居前5位，足见人际传播对于国家中心城市旅游形象传播的重要影响。虽然每个游客在文化素养、个体感知、价值判断等诸多方面都会存在个体差异，从而导致人际传播带来的国家中心城市旅游形象较为杂乱，但近距离的社交圈带来的信任感却是无可替代的。在借助人际传播的影响提高西安国家中心城市旅游形象的美誉度的时候，应注意以规范的语言、文明的行为提升西安市居民自身形象，充分利用口碑效应直接、强势的效果，使人际传播为美化西安国家中心城市旅游形象服务。

3. 加强公共关系，疏通传播渠道

公共关系活动是协调组织与公众的关系，使组织达到所希望的形象状

① 方世敏. 怀化旅游形象要素设计与形象整合传播方案的思考［J］.湖南税务高等专科学校学报，2002（2）：52-55.

态和标准的手段和方法。包括传播信息、联络感情、改变态度和引起行动等几个阶段，目的是树立旅游地的旅游良好形象，提高旅游目的地的知名度和美誉度。公关活动并不需要支付广告费用，但活动本身可吸引大量的媒体和受众的注意力，是一种投入低、回报高的传播方式。因此，在进行国家中心城市旅游形象传播的过程中，特别要注意争取有关部门的支持，如中央广播电视总台、《人民日报》、新华社等影响大、效果好的主流媒体及民航、铁路等游客流量密集的部门等，扩大西安国家中心城市旅游形象的影响。公关活动分主动公关和被动公关两方面，主动公关一般是通过举办一系列关于本地国家中心城市旅游形象的活动，吸引媒体的集中报道，塑造旅游地良好形象，引发受众关注与好感，促进国家中心城市旅游形象的全面推广。被动公关是指针对游客投诉、旅游事故等负面事件的积极补救的修复性公关活动。

国家中心城市旅游形象传播的公关活动应结合全市总体国家中心城市旅游形象设计及政府部门的宣传，形成全市国家中心城市旅游形象传播整体合力。在市委宣传部门和政府有关部门的统一部署下，将多种形象宣传有机结合，形成全方位、多层面的西安国家中心城市旅游形象宣传攻势。

4.用广告塑造形象，借传播打造品牌

研究证明，因为广告的基本载体就是形象，在现代传播中，广告对形象传播发挥着巨大的威力，指引着受众对形象的需求与消费。形象构成代替了符号化的信息进行传播，而形象以其直观性更易为受众所接受。当受众认为在接受商品的信息的时候，实际上获取的是关于商品的形象或包装，而一个靠广告指引去购物的人，他所买回的其实是那个被称为商品的"形象"。因此，在很大程度上，现代商品销售实际上已转化为形象销售。[①]

美国广告界泰斗大卫·奥格威提出，现代广告策略应该突出产品形象或品牌形象。而广告推销的正是这种被设计出来的形象，通过表现消费

---

① 肖鹰.形象与生存：审美时代的文化理论［M］.北京：作家出版社，1996：137-184.

者享用这种产品时的形象或生活氛围，给受众以心理的冲击，从而造成吸引。与其说消费者是为了满足某种需要去购买产品，不如说是为了追求该广告传播的形象所表现出来的心理愉悦和满足。

5. 旅游活动比一般商品更具有传播力

数字技术的飞速发展为信息传播开辟了更加高效、便捷的新途径；因特网的广泛使用，使得人们传播知识、交流信息的能力极大提高；互联网应用的覆盖面之广使得传播学者麦克卢汉所说的"地球村"正在变为现实。

同传统的媒介相比，利用网络进行国家中心城市旅游形象的传播具有许多独特的优势：首先，快捷、便利；其次，信息的综合性强、传播范围广；最后，互动性强、反馈及时。因此，抓网站建设亦成为许多旅游管理部门的工作重点。

从 2016 年起，西安市旅游局官方网站连续三年被评为"中国十大优秀政府旅游网站"和"中国信用企业认证体系示范单位"。[①]网站从著名景点介绍、旅游视频展播、旅游线路设计、酒店宾馆查询、特色小吃推荐、旅游公告、旅游商品等多方面、全方位地向各地游客介绍西安市的旅游特色。重点突出了西安历史的厚重与博大，展现了西安人文的质朴与热情，描绘了关中山水的秀丽与精彩。该网站的开通和运行很大程度上提高了全市旅游系统的工作效率，推进了西安旅游产业信息化进程，打造了一个展示西安文化、历史、自然旅游资源形象宣传的全新窗口。

6. 多种形象元素的整合营销传播

从广告学的角度来看，整合营销传播是一种组合策略，将多种具体的形象元素组合成一个有机整体进行传播。具体到国家中心城市旅游形象传播的过程中，是将各种旅游资源、国家中心城市旅游形象的艺术表现形式、传播渠道等进行多角度的优化组合。可以综合借助多种媒体，选择时

---

① 西安旅游网：http://www.xian-tourism.com/。

要综合考虑各种媒体自身的性质、目标定位、受众心理习惯等因素，形成一个有机的传播媒介阵容，同时保持各种传播渠道的畅通和全方位传播的立体效应，传播媒介的选择、组合的过程实质上就是媒介优化过程。①

西安国家中心城市旅游形象的整合营销传播可考虑从以下角度进行媒介整合：

（1）主流媒体的立体传播。

建立与中央级主流媒体的良好关系，举办国家中心城市旅游形象采风、推广等活动。充分利用本地主要媒体。借助《陕西日报》、《华商报》、《西安晚报》、《三秦都市报》、陕西广播电视台、西安广播电视台、西安旅游网等渠道宣传西安旅游产业形象，面向公众深入细致介绍西安旅游信息。

（2）塑造旅游"窗口"形象。

利用西安咸阳国际机场、西安火车站（西安站、西安北站、西安南站等）、西安市汽车站等外地游客集中的场所。一方面利用大屏幕、户外广告牌、流动媒体等积极推介西安国家中心城市旅游形象广告，另一方面加大这些交通要塞的环境治理、提高交通服务水平，以此来提升西安旅游窗口形象。

（3）重视文化形象传播。

可以制作多品种、多语种的旅游声像制品，传递各种国家中心城市旅游形象信息，充实，扩大传播覆盖面。尤其注重把关中文化视频、秦腔经典选段等特色内容融入其中，以文艺特色形象带动西安旅游整体形象的提升。

7. 联合周边景区，形成辐射效应

众所周知，西安市以文物与历史遗迹著称于世界，但是国内外对于陕南三市的奇峰秀水、生态旅游以及陕北两市的大漠孤烟、千沟万壑却不太

---

① 汪涛.现代广告学［M］.武汉：武汉大学出版社，1998：37-42.

了解，在当前旅游需求多样化、竞争激烈化的时代，人们每天要面对工作的压力、生活的压力，所以众多的游客开始将休闲旅游作为首选，将要有较高人文素质的文物欣赏作为辅选。

因此，以文物与历史遗迹著称于世界的西安市，若能与陕南三市的奇峰秀水、生态旅游以及陕北两市的大漠孤烟、千沟万壑在国家中心城市旅游形象传播旅游线路安排等方面进行合作，不仅满足了不同旅游者对不同景色的需求，还避免旅游者因相同或相似景观而形成的视觉疲劳。这种合作对西安市而言是利大于弊的，其原因有两个：第一，西安市是连接陕北与陕南的主要交通枢纽，若绕过西安市且同时去陕北与陕南旅游不仅浪费时间还增加了旅游成本；第二，合作传播费用分摊将减少西安市为国家中心城市旅游形象进行传播的成本。

（三）西安国家中心城市旅游形象传播辅助策略

1. 政府的政策、制度、财政支持

西安国家中心城市旅游形象传播是全市旅游整体上的营销，不仅可为城市整体经济服务，实现整体利益，还需要城市政府部门间的合作与支持。首先，西安市政府应提高对旅游传播重要性的认识，了解当前西安旅游的缺点与不足，然后针对这些缺点与不足加大对旅游地营销的政策支持。其次，西安市政府应当领导组织并成立专司专门旅游地营销机构，由这一机构专门负责西安国家中心城市旅游形象传播的评估与管理。最后，政府应加大对国家中心城市旅游形象建设与传播的财政支持，以让利为基础引导各级旅游管理部门、各个旅游组织和旅游企业，参与到西安市的旅游传播活动中来。

2. 培养和组建专业的旅游传播团队

传播计划的实施需要具备营销调研、策划和实施能力的各种专业人才。培养和组建一支专业的、优秀的旅游传播团队是保证旅游地形象传播策略实施的重要保证。因此，西安市旅游管理部门必须充分认识到人才对

国家中心城市旅游形象传播与管理的重要性，积极培养并广泛吸纳营销人才和旅游专业人才组成营销团队，并大胆聘请有关国内外专家为西安市的旅游营销活动献计献策。

3. 当地居民和社会服务部门的支持

旅游行业是一个综合性行业，其形象涉及许多相关部门、企业，包括当地居民的具体形象。例如，城市道路形象、居民生活形象等。因此，西安国家中心城市旅游形象传播策略的实施需要靠全市的力量。这就要求每一个部门、企业、居民都要将部门形象、企业形象、居民个人形象与国家中心城市旅游形象紧密联系，为西安国家中心城市旅游形象的提升提供支持，全方位塑造国内外游客心仪的旅游城市。

结语

从城市旅游状况分析与旅游规划，到国家中心城市旅游形象的塑造，再到向目标市场的有效传播与传播效果的评价与调整，都可以看出国家中心城市旅游形象传播是一项复杂的系统工程，在这个过程中一切都必须以市场为导向，发现城市特色、包装城市特色、推广城市特色，提高城市的旅游综合吸引力。面对激烈的市场竞争，西安旅游将通过科学的营销策略、独特的旅游资源，使其国家中心城市旅游形象得以进一步提升。

［本文根据西安市社科规划基金 2020 年重大项目（项目编号：WT04）结项报告简编而成］

数字媒体时代西安市长安区区域
形象传播现状与塑造

赵茹，刘润虎，李晓为 *

摘要："城市工作"是一个复杂的系统工程，城市形象塑造与传播是城市工作的重要内容，是衡量城市建设的重要指标之一。无论媒介环境如何变化，城市形象塑造与传播始终与城市工作和城市建设相关联。新媒体带来传播的巨大变化切实影响着城市形象塑造与传播本身，对这一领域进行研究更具有现实的紧迫性。本文旨在探索数字媒体时代长安区区域形象的传播现状与塑造问题，通过调研力求提出可行和完整的策略建议，为打造"千年古都、美好长安"以及长安区区域形象转型与内核提升贡献力量。

关键词：城市传播；城市形象；长安区区域形象

2015 年 12 月 20 日至 21 日，中央城市工作会议在北京召开，这是时

---

* 赵茹，西北大学新闻传播学院副教授，西北大学新媒体研究院副院长；刘润虎，西北大学新闻传播学院硕士研究生；李晓为，西北大学新闻传播学院硕士研究生。

隔 37 年后，"城市工作"再度被提升到中央层面进行专门研究部署，上一次，即 1978 年全国城市工作会议出台了《关于加强城市建设工作的意见》，基本奠定了此后 30 年我国城市建设和发展的思路。而在 2015 年城市工作会议召开之前，中央已多次对城市工作进行部署：2015 年 11 月 9 日，中央全面深化改革领导小组第十八次会议审议通过了《关于深入推进城市执法体制改革改进城市管理工作的指导意见》。2015 年 11 月 10 日，中央财经领导小组召开第十一次会议，强调要做好城市工作。会议强调"城市发展需要依靠改革、科技、文化三轮驱动，增强城市持续发展能力"，并指出"要推进城市科技、文化等诸多领域改革，优化创新创业生态链，让创新成为城市发展的主动力，释放城市发展新动能"，"要加强城市管理数字化平台建设和功能整合，建设综合性城市管理数据库，发展民生服务智慧应用"，"要保护弘扬中华优秀传统文化，延续城市历史文脉，保护好前人留下的文化遗产"，"要结合自己的历史传承、区域文化、时代要求，打造自己的城市精神，对外树立形象，对内凝聚人心"，每一点都与城市形象有着密不可分的关联。

在城市建设中，城市形象塑造与传播是城市工作的黏合剂和催化剂，它不断推动着城市工作顺利开展，不断促进城市建设朝着更稳定和更积极的方向高速发展，也理应在城市高速发展过程中发挥重要的作用。从这一角度来看，无论媒介环境如何变化，城市形象塑造与传播始终与城市工作和城市建设相关联，而新媒体对于传播环境的巨大冲击使得这一联结变得更为紧密且多变，并给区域形象研究带来了更多挑战。

本文旨在探索网络传播时代长安区区域形象传播现状与塑造问题，力求提出可行和完整的策略建议。我们针对长安区区域形象建设现状进行调研，寻找问题对症下药，为长安区打造"千年古都、美好长安"区域形象转型与内核提升贡献力量。

一、长安区区域形象传播现状

（一）调研基本信息

我们于 2020 年 5 月共收集 307 份问卷样本，其中男性占 35%，女性占 65%；受访者的年龄分布在 18—45 岁，其中 18—25 岁受访者占比最多，约为 44%。超过 95% 的受访者是本科以上学历，其中本科学历占比50% 以上。

本次问卷发放覆盖了全国 29 个省、直辖市、自治区，其中陕西省的受众占总人数的 2/3，西安市的受访者占 4/5 以上，长安区的受访者占西安市总受访者人数的 1/3。307 位受访者当中，曾居住地是否为长安区的人各占一半，曾居住地不是长安区但现居长安区的受访者中，移居原因为工作、家庭、学习所占的比例分别为 42%、26%、32%，其中没有受访者表示是因为个人喜好（喜欢长安区的氛围、环境等）而移居长安区的。

（二）长安区区域形象在陕西省其他市县及省外传播状况分析

在陕西省省外和陕西省除西安市以外的其他市县的受访者当中，大部分人对于长安区的了解程度一般，没有人表示对长安区非常了解，无论是在全国范围内还是在陕西省省内，长安区虽有一定的影响力，但是不高。在省外受访者中，对长安区各方面满意度一般的受众占大多数，大部分受访者对长安区的教育环境表示满意或很满意。此外，满意较多的方面是人文景观、环境状况、景区情况和生活节奏。在除西安市的其他省内市县受访者当中，对教育环境和生活节奏满意的人数最多；对交通状况不满意的人数最多，具体情况如图 1 所示。

综上，受访者普遍对长安区的教育环境、生活节奏表示满意，而对交通状况表示不满意。

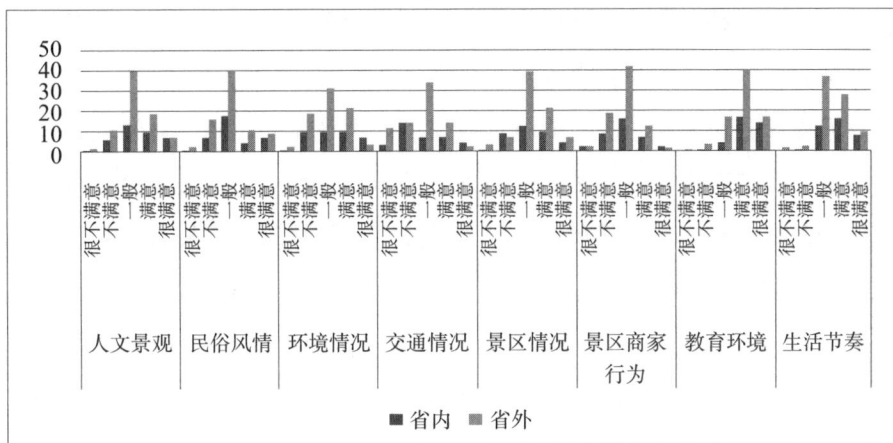

▲ 图 1　居民对长安区各方面的满意程度

接触过长安区区域形象传播信息的受访者中，省内、省外接收最多的信息是旅游宣传；文体娱乐、城市建设分别位列省外受访者第二名和第三名；在省内受访者中，文体娱乐和旅游宣传占比相同，其次是城市建设、政策建设等（图 2）。值得注意的是：省内受访者关于城市环境保护信息的接收占比大于省外受访者，可见环保内容在省内传播力度较大。

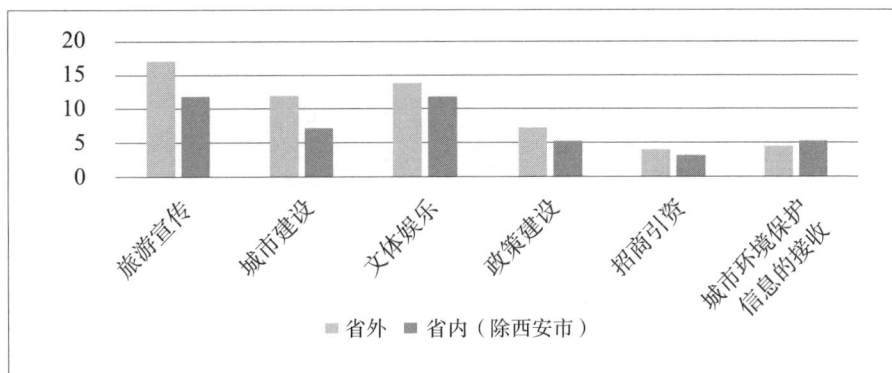

▲ 图 2　居民接触的长安区区域形象传播的信息主题调查

（三）长安区区域形象在西安市的传播状况分析

西安市受访者中，大多数人对长安区的了解程度一般，约 1/3 的人对长安区比较了解，很不了解的只有极少数。由此可见，西安市居民对长安区了解程度较高，但不够深入。

西安市受访者中，去过农场、农家乐、大学城、田间、自然风景区的人较多，去过双创中心、公园、参加音乐节等大型活动的人较少。可见长安区的知名度集中在自然风光、田园风光上，虽然近年来长安区有引进音乐节等大型活动，但吸引力欠佳。

在"长安区现状与心中的形象匹配度"方面，约 1/3 的受访者表示印象中的长安区与现实比较一致，不到 1/5 的受访者表示匹配程度不一致，不匹配的方面主要在于城市环境和城市建设。旧长安区（长安县）的刻板印象还是存在于一些居民的脑海中，想要实现转型，当务之急是打造令人印象深刻的新的区域形象 IP。接触过长安区区域形象信息的受访者中，进行二次传播和没有进行二次传播的比例约 1:1，说明二次传播率不高。受访者的传播动力为分享见解和交际互动，未进行传播的原因是觉得相关信息与自身无关或缺乏创意等，具体情况如图 3 所示。

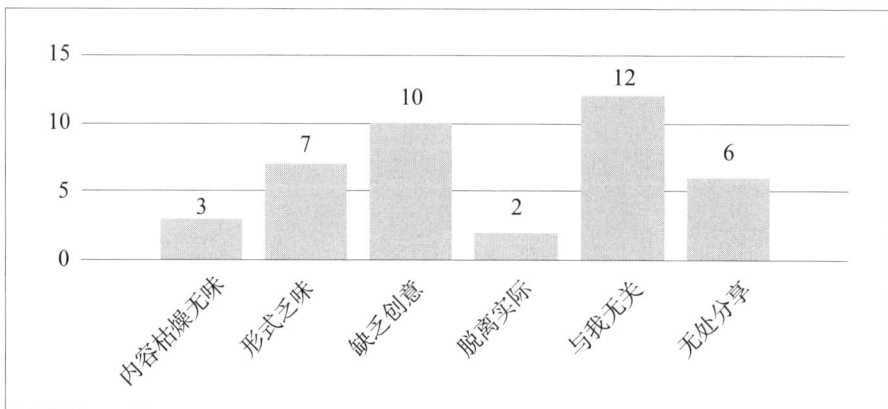

▲ 图 3　居民不向他人传播长安区区域形象相关信息的原因

综上，长安区区域形象传播的相关信息质量有待提高，新颖丰富的传播形式会增加二次传播率。

长安区当地受访者中，很了解长安区与一般了解长安区的人数占比几乎相同，说明长安区形象定位并不清晰，居民缺乏清晰的认知。超过九成的受访者曾去过大学城（与采样分布有关，该数据并不能完全反映长安区的整体情况）；过半的人去过公园、自然风景区，历史景点在当地居民中的影响力也主要集中在自然风光以及开发成熟的风景区上；而新引进的大型现场活动并没有为长安区吸引很多游客。

本地受访者中，超 60% 的人未接触过区域形象相关信息，可见宣传并不到位。接触过的受访者中，超 80% 的人接触了旅游宣传信息，关于城市建设、政策建设、环境保护等信息占比不高。因此长安区区域形象相关信息类型并不丰富，关于城市建设、城市转型相关信息的传播并不到位。

受访者接触信息的主要渠道为即时通信媒体和 SNS 社交媒体。与外地受访者不同，本地受访者接触视频最多，短视频占比较高，短视频这一形式在本地居民信息传播中的潜力值得关注与引导。

二、长安区区域形象建设与传播建议

根据长安区区域形象现状，我们就长安区区域形象建设与传播提出以下几点建议。

（一）区域形象传播的基本原则

1. 重视数据积累

"构成未来媒体竞争力的核心是数据。通过对那些动态的、包括结构化和非结构化的数据进行统计分析，可以揭示用户行为习惯及情感需求的轨迹，获得准确度较高的用户兴趣倾向、个性化需求以及新业务发展趋势等重要信息。"不管是对于内容制作还是营销送达，这些都是必不可少的一手信息和资源。对于转型中的传统媒体而言，核心数据库的建设更是升级传统的生产方式和经营理念的一条捷径。

2. 重视城市产品的开发和优化

对城市形象传播而言，真正的核心活动，应该有赖于城市自身的复合能力、创新能力以及跨界组织能力。开发怎样的城市产品、怎样才算是好的城市产品、如何优化城市产品、怎样开发出好的城市产品——城市产品规划目标、标准评估、导向与机制，都是影响传播成败的核心内容。城市要以平等、共享的姿态去倾听不同用户的需求，重视用户体验，同时也要以学习的姿态，在合作中找到自身的特点和适合的发展路径。

3. 重视关系建立与维系

新媒体环境下的城市形象传播并不意味着对传统媒体的抛弃，事实上，实现线上到线下的联通（O2O，Online to Offline）至关重要，有学者提出移动互联网时代企业传播的 4C 法则，即企业在适合的场景（context）下，针对特定的社群（community），通过有传播力的内容（content）或话题，结合社群的网络结构进行人与人的连接（connection），以快速实现信息的扩散与传播，最终获得有效的商业传播及价值。若把城市当作产品来传播，这样的 4C 法则也同样适用，城市形象同样需要目标人群的"评价"和"拥护"，以达成预设的传播目标。

（二）长安区区域形象建构与传播的重点内容

1. 扩大传播范围

区域形象是公众对区域内在的经济实力、文化活力和未来发展期待的综合评估，良好的区域形象有利于本区域的经济发展和社会安定。对于正在转型的长安区而言，关注度是区域转型必不可少的条件。但从问卷分析结果看，陕西省省外以及陕西省除西安市以外的其他市县对长安区的了解程度普遍不高。尤其在省外，长安区为大多数人所不知。长安区想要"破圈突围"，就要扩大宣传范围。除了在陕西省省内宣传之外，还要力求宣传范围覆盖全国，让全新的长安区呈现在众人眼中，将长安区打造成全国范围内的"网红打卡地"。

2. 以媒体为中心向以受众为中心转变

移动互联网逐渐兴起，"人人都是自媒体"的时代随之到来，加之快手、抖音、小红书等平台的兴起，任何人都有机会成为网络红人。传统的官方说服式传播方法不再被年轻网民重视，相反，平民、素人的推荐、"打卡"更具有传播力。在这种新媒体环境下，想要迅速将长安区全新的区域形象建立起来，宣传中心就要有所转变。要善于发掘民众的力量，从以媒体为中心转向以受众为中心，通过受众的传播裂变来实现传播范围的扩大以及传播内容的多元化、新鲜化。

3. 拓宽宣传路径，发展整合式社会化营销

新媒体环境为长安区区域形象建设带来了机遇也带来了挑战。互联网技术日益进步的今天，许多城市、区县纷纷发力，都在抢占公域流量。谁最先走入大众视野，谁就更多一份丰富本地区区域形象的可能，因此拓宽传播路径至关重要。"两微一抖一B站一直播"是信息传播必须布局的阵地，除此之外，快手、小红书、淘宝、小程序、App 等也应该有所触达。在互联网环境下，宣传路径越丰富，就意味着多媒介交叉影响到的受众越多，也就意味着用户黏性越强。

4. 打造"网红"IP

IP 作为区域形象的直观认知，会给受众留下深刻的印象，甚至会引起受众的自发宣传。此次调查反映出来的问题是，长安区并没有让人记忆深刻的 IP。曾经红极一时的歌曲《长安县》也已经成为老一辈人的回忆，而不为年轻人所知晓。想要扩大长安区的影响力、吸引更多人走进长安区，就必须打造长安区自己的 IP 形象。并通过 IP 形象发展出周边衍生品，将其应用到对内、对外宣传当中。

本次调查发现，在长安区之外的人群当中，年轻人对长安区的感兴趣程度最高，因此在"网红"IP 的打造上，发力点应该在于年轻化、活力化。不仅要外形好看，而且要"有梗"，这样才能吸引更多年轻人的眼球。

5. 赋值文化因子，激发文化认同

长安区具有丰富的历史文化资源，实现区域形象的转型需要以区域自身的历史文脉为核心框架向外扩展。我们要做的不是摒弃历史，而是梳理和发掘历史，并添加流行元素，进行平民化、生活化表达，在日常生活中激发本地区居民的文化认同。

6. 发挥意见领袖影响力，试水直播

自媒体时代，头部的意见领袖的带货能力、"种草"能力是不可估量的，因此发挥意见领袖的影响力是打造长安区新的区域形象的重要一步。通过问卷分析的结果看，无论是长安区本地居民还是外地受众，对于长安区的认同感普遍不高，这种情况下就要发挥意见领袖的力量，将碎片化的宣传注入受众日常生活当中，舍弃枯燥的说教，以平民化的视角向受众去推荐、去诉说，由此来引发共鸣。

7. 统一规范景区

从调查数据看，长安区知名度最高的是自然风景区，秦岭、南五台山等风景区建设已比较成熟，但是景区商家行为仍有待规范。统一商家行为一方面要规范商家的定价、营业标准等，另一方面还要统一商家的宣传方式。景区内的商家是塑造长安区形象的前端，也是宣传新长安的前端，因此可以通过鼓励商家开通自媒体、提供新 IP 衍生品货源等来规范景区商家行为，为游客带来优秀的旅行体验的同时也为长安区区域形象的二次宣传贡献力量。

三、建构长安区区域形象的受众／内容／媒体矩阵

（一）长安区区域形象的受众矩阵

上述调研显示出不同区域受众对于长安区区域形象的感知程度有很大区别，因此针对不同区域的受众我们将制定不同的区域形象传播方案。我们以地域范围为标准将受众分为核心受众、重点受众、次重点受众、边缘

受众四个层次，针对不同受众层次制定不同的传播策略。

如图 4 所示，核心受众是长安区居民以及长安区周边的西安市居民。对于长安区居民，我们要通过宣传增强认同感，让新的长安区的区域形象首先得到本地居民的认同，同时鼓励本地受众产出相关宣传内容，增强影响力。对于长安区周边的西安市居民，要提高其对长安区的认识，用新的长安区的形象替代旧有的长安县的形象，以"来长安过周末"为主题，吸引周边受众来到长安区，激发消费，同时鼓励其创作相关宣传内容，激发二次传播。重点受众是陕西省省内除西安市以外的其他市县居民。对于重点受众，我们的传播目的是提高认识、强化重点、增强吸引力。次重点受众是陕西省周边地区居民，对于这部分受众的传播目的是进一步改变旧有认知、辐射引流。边缘受众是其他地区受众。对于边缘受众，传播的目的是提高认知、树立新形象。

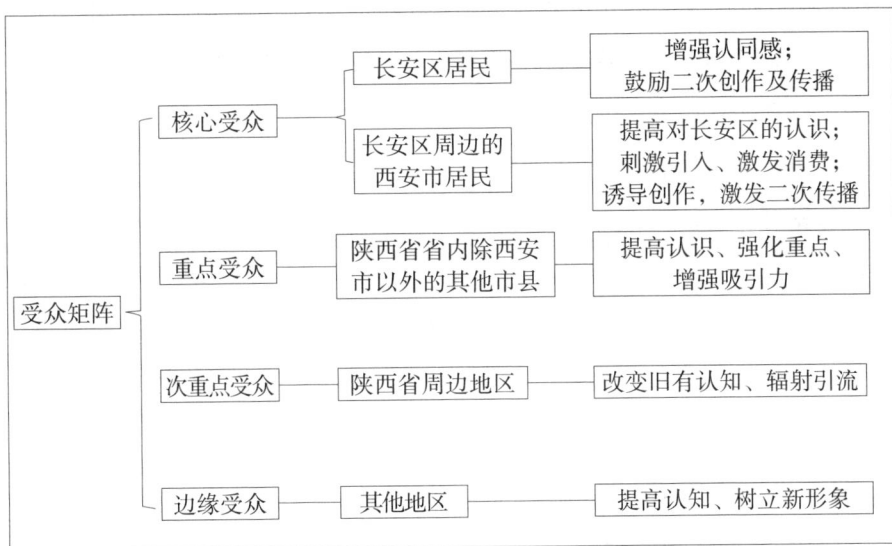

▲ 图 4　不同受众层次的传播策略

（二）长安区区域形象的内容矩阵

针对不同地区，我们划分出不同的受众层次，针对不同受众层次，我们也制定了不同的传播内容。因此在长安区区域形象传播的内容上我们也进行了梳理。整体上分为两部分：长安区区域形象传播内容和长安区服务型内容传播。

1. 长安区区域形象传播内容

（1）区域整体形象。

以官方公众平台、网站为媒介，对长安区的整体形象进行系统宣传。宣传形式以长文、官方长视频、新闻访谈为主，从科教文卫等方面整体宣传长安区的区域形象、发展现状以及进一步的发展方向，对长安区的区域定位作出明确清晰的介绍。力求打造民众全方位了解长安区的窗口。

（2）长安区文脉介绍。

地处关中平原腹地、周秦汉唐等十三个王朝的京畿之地的长安区有着厚重的历史文脉，长安区如今的发展也与其历史有着不可分割的关系。因此长安区的历史文脉是应该着重强调的内容。关于历史文脉的介绍，可以采用短视频、微博话题等方式，抓住受众的碎片时间，将严肃厚重的历史拆解、落地，让历史走进公众生活，让文化科普不再晦涩。

（3）长安区烟火日常。

长安区的生活氛围为很多人称道，想要全面宣传长安区，对于长安区居民日常生活的宣传必不可少。一所所高校、一方方稻田、一片片桃园、一条条古街、一间间农舍……这些细碎日常拼凑出最具烟火气的长安区。淳朴好客的长安（县）人是新长安区最好的名片。对于长安区日常的宣传可以借助广大受众的力量，鼓励居民在抖音、快手等短视频平台进行创作，将最原汁原味的长安区展现给公众。

2. 长安区服务型内容传播

南依秦岭的长安区有着众多值得称赞的自然风景区。佛教圣地南五台山、护国兴教寺、九鼎万华山、关中民俗艺术博物院、秦岭野生动物园……这些管理和服务已经相对完善的景区接下来的优化重点应该放在扩大知名度上。各大景区可以开通自己的公众号，进行实时更新，吸引游客；也可以在小红书、马蜂窝等社群分享类 App 上开通账号或寻找 KOL 进行宣传。不仅从传统视角吸引游客，还要有所创新，"种草"、推荐、"打卡"……寻找新玩法，将长安区打造成新"网红"。

除了传统的旅游景区，大学城也可以成为新晋"打卡地"。各大学依托自己的媒介平台进行宣传，与长安区官方媒介形成联动，吸引年轻受众来"打卡"游玩。宣传当地教育资源的同时带动相关经济发展。

依托上述丰富的资源，长安区可从衣食住行各个方面提供完善的服务型内容，增加人们对长安的直接体验，深化感受，强化传播。

（1）衣。

依托长安区厚重的历史文脉，可以发掘新的特色文旅。如利用汉服、旗袍等传统服饰日益兴起，长安区可以借此趋势，宣传相关文旅项目。如春季百亩桃园赏花、夏季古朴民宿吹箫吃茶、秋季银杏树下许愿、冬季茫茫雪山前吟诗，一年四季都可以结合不同穿搭制造话题、开展活动。同时还可以鼓励游客进行直播，通过云赏景来吸引志趣相投的受众。

（2）食。

美食是吸引游客引发讨论必不可少的话题。长安区的巷子里、农家院里藏着许多日常美食，因此可以以探店、Vlog 等形式进行一波美食分享。依托 B 站、大众点评这些年轻化的平台发起摊点活动，或是挑战——学做地道陕西面食、挑战吃长安区最辣的油泼面等，力求用年轻化的视角去发掘长安区的美食。

（3）住。

民宿、青旅、主题公寓、农家乐是近年来长安区兴起的全新住宿场所。想要吸引游客，住宿必须足够优秀。在住宿方面，可以鼓励商户入驻美团、携程、飞猪等旅行场所订购平台，同时也可以打造属于长安区自己的小程序。通过公众号、官网、官方微博等进行引流，抢占公域流量，获取用户数据，推广民宿的同时为进一步适应互联网环境下的发展转型打下基础。除了硬件居住设施，长安区的生活方式和生活节奏也是吸引游客到访的重要因素。品茶赏花、下田种稻，安静闲适的氛围是长安区的优势，也可以进行重点宣传。可以举办一系列的活动，如"以茶会友""夜听蛙鸣""静坐礼佛"等。电视、广播等传统媒体和新媒体进行联动，宣传长安区特有的居住、生活方式。

（4）行。

农家乐、亲子游、毕业旅行……长安区的自然美景是受众游玩的好去处。依托便利的基础设施，可以着重鼓励受众进行自驾游，宣传与亲人、朋友在一起享受自然的出行方式，从而吸引游客。

综合上述内容，可开发"不如长安"服务型小程序，将长安区衣食住行各类服务统揽其中。

（三）针对不同受众和内容的媒体矩阵

互联网时代为区域形象传播提供了便捷的同时，也带来了一定挑战。从传播效果的实现角度来看，首先应改变由政府独挑大梁的观念和模式，转变为以政府、媒体、企事业单位、居民公众等多元传播主体共同参与的传播活动，不断丰富城市形象传播的视角与内容的同时，促成城市形象传播的常态化。

城市形象传播路径选择应顺应现今传播环境的变化与未来的发展趋势，实现跨媒体沟通。通过不同媒介建立针对目标人群不同状况、特定需求的信息，向目标人群传递最适合的核心信息，引导其发生行为变化，提高传播效力。

针对不同受众，传播重点不同，媒体的矩阵布局也应该有相应的变化：

针对陕西省省外以及除西安市以外的省内地区，长安区的区域形象相关信息应主要以告知为主，扩大传播范围是针对这部分受众的主要举措；

对于西安市内除长安区以外的其他区县而言，除了告知之外，应当有吸引观光的需求，通过媒体矩阵布局，向公众传达"周末来长安"的观念；

对于长安区本地居民来说，提升幸福感、认同感应该是主要发力点，通过媒体矩阵布局，除了达到提升幸福感的目的外，还要尽量吸引公众进行二次传播。

针对以上不同重点，提出了以下三种媒体矩阵，如图5—图7所示。

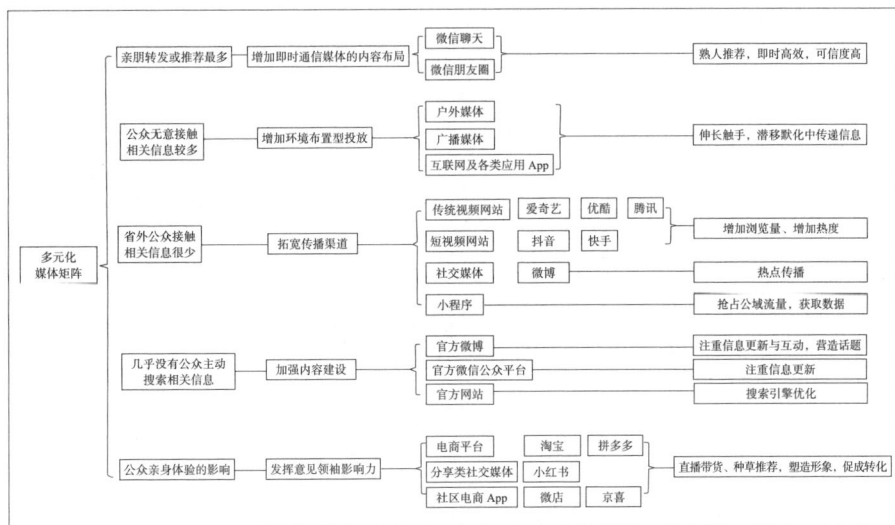

▲ 图5 除西安市以外的陕西省其他市县以及省外媒体矩阵布局

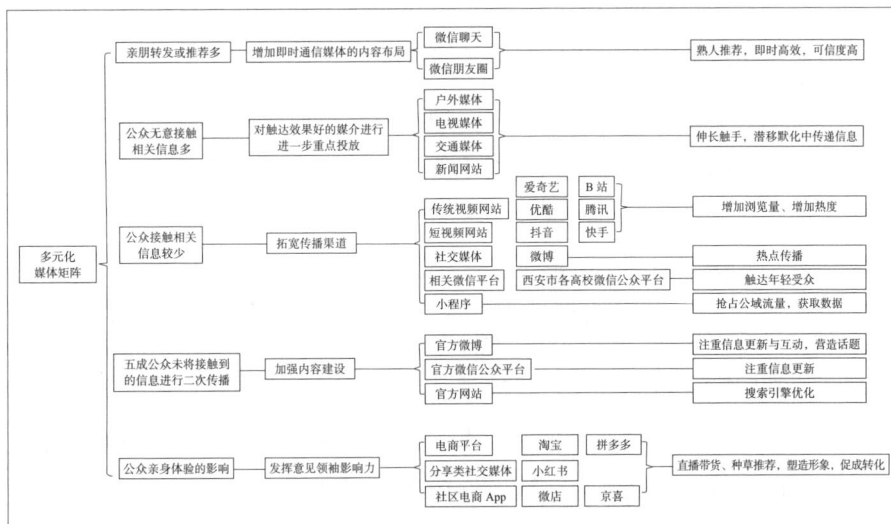

▲ 图6 除长安区以外的西安市的其他区县媒体矩阵布局

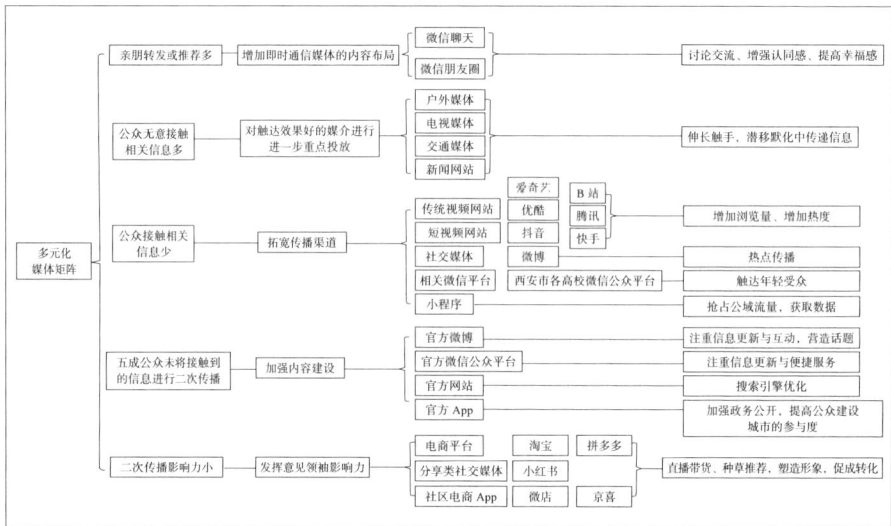

▲ 图 7　长安区本地媒体矩阵布局

针对大多数公众均是无意接触到城市形象传播的现状，增强环境布置型投放，通过户外媒介、交通媒体、广播媒体（特别是车载广播）、互联网特别是移动互联网的各类 App（新闻类、社交类、娱乐类、游戏类、天气类、旅游类等）实现多渠道、多屏投放，结合各类媒体的传播特点形成各具特色的创意、设计内容和作品，关注体验型媒体的有效运用，营造出城市形象信息接触、体验和易于接受的氛围。

针对公众关注热点话题的特征，加强对有益话题的制造；针对公众较少转发和推荐的问题，增强城市形象的创意性表达。这二者均可增强城市形象传播在社交媒体中形成热点传播，拓展城市形象传播的广度。

针对公众较少搜索的问题，在重视和增强对城市形象传播内容建设的基础上，官方网站应注重搜索引擎优化、购买核心关键词，保证官方网站出现在搜索引擎页面的首位，避免被其他干扰网站占据搜索页码的优质位置；官方微博应注重信息的更新频率，避免只有账号没有更新的状态，塑造官方微博独具特色的个性风格，利用适应网络氛围的表达方式增强与公众的互动；微信公众平台在延续官方微博的传播功能的基础上，增加和完善微信的公众服务功能，利用社交媒体影响的广泛度和在线服务的便捷性增强与公众的黏性；此外，公众较多偏向于通过视频内容接受城市形象传播的内容，因此，具有创意的城市形象视频内容更易于在电视媒体和视频网站上传播，且视频网站的城市形象创意视频往往还能通过社交媒体形成广泛的二次传播，产生新的传播热点。

针对公众在城市中的亲身体验能加深对城市的认知和理解，因而应通过提供游览优惠增加公众亲历城市游览的机会，通过官方网站、官方微博、微信公众平台、电商平台等发布优惠信息，提供切实的优惠产品与在线便捷服务。

针对现今传播环境中不断涌现出新的传播媒介和传播方式，例如企业和产品在抖音等平台发布各类短视频用以增加与用户之间的互动，城市形象传播也应与企业和产品传播一样对媒介环境的变化保持高度的敏感，不断尝试、组合、更新自身的传播方式和媒介选择，保证城市形象传播的与时俱进。

结语

（一）地方形象传播的时代性演进

美国营销专家菲利普·科特勒将地方形象营销划分成了三个阶段。

第一阶段始于 20 世纪 30 年代，以"更佳的商业气候"为卖点吸引商业、工厂以及投资，发掘了低成本生产的优势——廉价劳动力和土地、低税收以及公共财政资金来吸引新兴产业和投资。

第二阶段为 20 世纪 70 年代和 80 年代，地方营销目标转向多元化——保留现有企业、创办新企业、开展旅游、促进出口和对外投资。在美国经济不断发生变化、竞争日趋激烈的情况下，地方改变了营销方法，从随意的、漫无目的的方法转向基于竞争分析和市场定位更加精巧的战略。地方学会了细分市场和买者，并根据研究和分析将其产品和服务用于不同的客户。地方推销者从铺货式的大规模营销转向有针对性的营销——强调满足特定客户需求的独特产品。地区也更强调维护和支持内部市场和资源——地区自有商业、工业、企业家、新产品和公关资源（大学、研究单位、金融机构等）。

第三阶段为 20 世纪 90 年代，地方营销迈向对产品和竞争利基的思考。针对目标产业，他们试图使自己成为具有特别竞争优势的、与众不同的地区。他们正在发展那些能够为目标客户创造价值的特定产品和服务。他们进行人力资源培育，以使当地居民在高科技的信息社会里有效地发挥作用，同时他们还投资建设功能良好的基础设施以支持一种优质的生活品质。

（二）从"政府"到"全民"——数字媒体时代城市形象传播的分权

城市形象传播的分权规划一贯是政府公共部门的必备职责，然而，随着社会的发展，"作为地区的责任，地区发展不再被看作对中央政府的一种政策呼应，甚至也不局限于公共部门的活动，它成了所有人的事情——各个政府层级、所有部门和所有包括从国家—国际到地方—社区的组织形式"。

当责任从国家转向地方一级政府，又从地方一级政府转向全民时，支持地区发展项目的资源也从政府公共项目逐渐向民间转移，特别是新媒体在城市形象传播领域的不断渗透，费用低廉甚至免费使用的新媒体改变了传播的结构，更多的普通民众具有了传播城市形象信息的便利性和自由度。

在这样的环境下，城市形象传播自发形成了分权规划的体系结构以适应传播发展的需求，随着系统内部国家资源、地方政府资源在城市形象传播中项目责任的向下分配和移动，政府应开始转向专注于建立城市发展竞争能力的资源、体制和领导力，更便于形象传播适应当下这个不断变化的动态过程，将所有的传播活动进行整合，挖掘城市形象传播的各方潜力，把整体的传播目标和潜在的传播力量联系在一起，最终形成引人注目的传播效应。

（三）顺应时代变革的长安区区域形象传播

综上，长安区区域形象传播是从本区域传播现状出发，立足于本区域资源、环境、人文、产品等各因素，在对传播对象进行细分的基础上，从长规划，建构合理的受众、内容、媒介的多元矩阵。这其中，深度探析时代变革对区域形象建构和传播的影响，顺时而动，从"自上而下的形式转型"到"自下而上的意识转型"的思维进阶，从"传话筒"到"微话语"的逆向定位，都显得尤为关键。在此基础上，适应媒介技术影响下传播环境的快速更迭，拓展区域形象传播，通过大数据、5G、AI等新技术，利用不同于传统区域形象传播的多元信息呈现方式、传播技术和传播手段，为充分展示具有特质、有活力的长安区贡献力量。

［本文为陕西省社会科学基金项目"新时代背景下'一带一路'沿线中西部广告产业协同创新发展路径研究"（项目编号：2020M015）阶段性成果］

新冠肺炎疫情影响下国际城市交流现状与思考

——以西安市与京都市为例

杜　渐[*]

摘要： 新冠肺炎疫情增加了未来国际关系发展的不确定性，给全球经济社会发展带来极大冲击，也让人们重新审视全球治理的目的和效果。在此背景下，探讨如何积极进行国际合作增进国际交流对于国际社会携手应对风险挑战具有重要意义。作为陆上丝绸之路的起点城市，西安市在促进中国与中亚、欧洲的贸易往来和人文交流中发挥了重要作用，本文通过分析疫情时期西安市对外交流的有效途径，总结疫情期间国际城市交流的主要特点并提出相应的对策建议。

关键词： 国际关系；城市交流；西安市；京都市

新冠肺炎疫情在全球暴发以来，人类面临前所未有的国际公共危机。

---

[*]　杜渐（1987—　　），中共西安市委外事工作委员会办公室，二级主任科员。

联合国秘书长安东尼奥·古特雷斯说，新冠肺炎疫情可能会引发一场"近代历史上无可比拟的"衰退。新冠肺炎疫情全球大流行，增加了未来国际关系发展的不确定性，为全球经济社会发展带来极大的冲击。在应对这场公共危机的过程中，也让人们重新审视全球治理的目的和效果，如何积极进行国际合作增进国际交流，在国际社会中得到越来越多的认同和实践。正如习近平总书记说的那样，"新冠肺炎疫情的发生再次表明，人类是一个休戚与共的命运共同体"，"国际社会必须树立人类命运共同体意识，守望相助，携手应对风险挑战，共建美好地球家园"。

一、西安市应对新冠肺炎疫情的具体举措

作为陆上丝绸之路的起点城市，西安市在促进中国与中亚、欧洲的贸易往来和人文交流中发挥了重要作用。在"一带一路"倡议中，西安市作为重要节点城市，正在全力推进国家中心城市建设和国际化大都市建设，对于东西方文化交流、经济贸易发展等方面，发挥着越来越重要的作用。

在疫情的影响下，西安市和其他城市一样，经历了全体市民巨大的付出和城市经济短暂地"停摆"。西安市政府把市民健康放在首位，第一时间成立疫情防控指挥部，统一指挥全市疫情防控工作。全市各区县、开发区迅速响应，经过一系列的组合拳，形成全市联动、高效运转的指挥体系。按照相关法律依据和疫情防控级别实际情况，及时制定疫情预防控制实施方案、应急预案，明确疫情防控的方法和流程，为疫情防控工作有序推进提供了标准。主要做法有以下几点。

（一）及时发布权威信息

第一时间发布权威信息，加强预防知识普及，回应社会关切，引导市民承担起应尽的社会责任，参与社会健康治理，形成群防群控、全民参与的局面。提供及时有效的公共医疗资源。设立发热门诊，全市共设发热

门诊 46 个，确定了 3 个定点医院、1200 张床位，投入一线救治医务人员 3800 余人，实行患者分诊，进行严格筛查，防止医院内部感染，确保医护人员安全，保证医疗体系平稳有序。

（二）加强生活要素保障

截止到 2020 年 8 月上旬，全市累计投放储备蔬菜 3.62 万吨，为运输蔬菜的货车补贴资金 6 453.5 万元，储备菜日均存量保持在 2.2 万吨规模，保障了日常供应，稳定了市场价格。对困难群体加大救助力度，为他们发放保障金、救助金，减免住房租金，确保他们基本生活不受影响。

（三）稳定恢复生产就业

西安市通过税费减免、金融支持、稳岗补贴等措施，进一步减轻企业负担。支持企业复工复产，特别针对劳动密集型企业，创造更多的就业机会，并将更多公益性岗位提供给弱势群体。疫情防控形势平稳后，西安市强化"外防输入、内防反弹"，推动分区分级精准复工复产，以最快速度恢复正常生产生活秩序。

二、新冠肺炎疫情下西安市参与国际交流的主要形式

西安市是中华文化重要的发源地，是优秀传统文化的首善之区。作为陆上丝绸之路的起点城市，自古就有活跃的对外交往。新中国成立以来，西安市先后与 31 个国家 37 个城市建立了友好城市关系。从 1994 年起，担任世界大都市联盟副主席城市，于 2019 年 11 月成功当选为世界城地组织联合主席城市。新冠肺炎疫情席卷全球，成为全人类的共同灾难，疫情阻隔了人员往来，但阻隔不了人们友情的传递。人类因文明而兴盛，疫情由科学而防治。疫情全球蔓延的特殊时期，西安市积极探索困境中对外交流的有效途径，主动开展国际交流与合作，在人类共同的敌人面前，不断

深化合作交流，拉近了与世界各地友好城市、友好交流城市及世界城地组织等国际组织的关系，消除隔阂，增进互信。具体的做法主要有以下几点。

（一）用书信传递温暖，用邮递寄送真情

疫情使传统的国际交流模式面临巨大的挑战。古老而传统的书信却成为最直接和有效的沟通方式。自新冠肺炎疫情暴发以来，西安市疫情防控工作得到了国际友好城市、国际组织、国际企业、境外友好人士以及有关团体的充分肯定和大力支持，先后收到了 26 个国家、3 个国际组织（世界城地组织、联合国教科文组织、上海合作组织）和 35 个国际友好城市共 61 份慰问函电。韩国友好城市庆州市和安东市还特别录制了慰问视频，为西安市抗击疫情加油打气。还有一些国际友好城市为西安市捐赠了抗疫急需的一次性医用口罩、N95 口罩、医用防护服、医用酒精和其他消杀物品等防疫物资。2020 年 4 月后，西安市的疫情得到有效控制，企业逐步复工复产，社会生活逐步回到正轨。但令人意外的是，境外疫情形势却越来越严峻。锦上添花易，雪中送炭难。西安市经济社会回到正轨后，开始考虑帮助国际友好城市。由于生产能力有限，同时城市还要保持正常的生活生产需要，根据友好城市的疫情严重程度及医疗防护物资紧缺程度，西安市先后 2 批次共向 33 个国家的 52 个城市捐赠了 1.71 万套医用防护服、8800 副护目镜、3000 只 N95 口罩、360 支额温枪、1.392 万瓶消毒液、108 万只一次性医用口罩、1 台实时荧光定量 PCR 仪、1 台核酸提取仪、1000 包细胞保存液，157 盒病毒 DNA/RNA 提取试剂盒以及 6 台呼吸机（西安市企业捐赠），极大地鼓励和支持了国际友好城市的防疫抗疫工作。

西安市的善意之举，积极开展国际合作抗疫的行动，为我国援助全球抗疫作出地方贡献，充分彰显中国的大国形象，也成功塑造了西安城市国际形象，得到了韩国、日本、英国、意大利、瑞士、伊朗等国友好城市的肯定和积极评价。

（二）在云端上会晤，在携手中同行

疫情期间，西安市在对外交流活动中，积极运用现代网络科技发展的先进成果，创新开展国际线上交流活动。疫情期间，利用世界城地组织、世界历史都市联盟、G-Global 等国际组织和德国奥尔登堡、韩国安东市等地方政府平台，通过近 60 场视频会议，向国外城市分享抗疫经验，同时还积极参与消除贫困、性别平等、城市治理等主题的讨论，在国际平台上分享西安做法、传递中国声音。通过线上平台主动沟通，积极发声，消除误会，弥合分歧，激活理性健康的正能量，推进国际合作抗疫、全球治理形成合力。2020 年 11 月 24 日西安市与西班牙瓦伦西亚市举办视频会议，两市市长共同出席会议，并签署正式建立友好城市意向书，成为疫情之下"云上"缔结的国际友城（指国际友好城市）。

（三）线下互动，不以山海为远

在韩国的安东市，人们可以欣赏到落日余晖下的西安古城墙；西安市的市民，也可以品尝到西班牙瓦伦西亚的海鲜饭，唇齿留香。疫情下，"线上交流，线下互动"已经成为西安市与国际友城的交流模式。2020 年，西安市与国际友好城市开展了 19 次线下互动交流活动，内容丰富形式多样，进一步加深了西安市与国际友城的情谊。

三、新冠肺炎疫情下西安市与京都市的交往成果

京都市位于日本西部，属于大阪都市圈的重要城市，是平安京时期日本的首都，是日本传统文化重镇之一。1974 年 5 月，西安市与京都市正式缔结为国际友好城市。在中日邦交正常化后，作为中日两国首批缔结的友城之一，西安市与京都市的友好交流极大地促进了中日两国民心相通，为两国人民世代友好作出了积极的贡献。从 20 世纪 70 年代至 90 年代初，

西安市对外交流主要围绕日本城市展开。

在诸多城市开展各领域的交流当中，与京都市的交流占据半壁江山。模仿隋唐时期的长安城建造的平安京街道一直沿用至今，布局呈棋盘形，东西南北纵横，结构整齐划一。而 20 世纪京都古城的保护经验为西安古城的修复和改造提供了模板，在高度重视城市历史沿革的基础之上，合理区域、分配用地，在色彩和功能布局上突出古城精华。1984 年，西安市商业代表团访问京都市时发现，京都市商场的柜台都是开放式的，顾客可以随意挑选，回国后便对西安市的商场进行改革，极大地促进了零售业的发展。

自结好以来，两市在经济、文化、教育、青少年交流等领域开展了许多务实合作，取得了丰硕的交流成果。

新冠肺炎疫情同样也让京都市陷入困境，当两个古都面临相同的困难时，深厚的友谊给两座城市带来的不仅仅是抗疫防疫的信心和勇气，更多体现的是两个古都携手面对未来的希望和传统文化应对现代危机的智慧。

西安市与京都市在疫情期间的友好交流和相互支持，对于西安市而言，具有非常典型的代表性。通过和京都市的友好交流，我们能够看到西安市如何同世界友好城市开展活动，也能通过城市互动的具体内容，揭示城市友好交往的实质和根本规律。

（一）西安市与京都市携手战"疫"

2020 年初，西安市疫情暴发。京都市长门川大作于 2 月 7 日第一时间发来慰问信为西安市抗击疫情加油打气。信中写道："古代的京都——平安京是模仿长安城建造而成。这两座古都在其悠久的历史中不断克服自然灾害和瘟疫，一直发展至今。这一次，也让我们共同努力战胜这场危机，恢复和平的生活。"4 月日本疫情迅速蔓延。在得知京都医院医用防护服极其短缺，严重影响医疗救助能力的情况下，西安市迅速调集物资，排除困难，依照京都市需求捐赠防护服 500 件。此次捐赠解了京都市的燃眉之急，京都市迅速将捐赠的信息发布在市政府官方网站上，及时向广大市民传达了来自西安市的善举。京都市副市长还在第一时间通过电子邮件表达了感谢之情，衷心感谢西安市对京都市的大力支持与慷慨捐赠，并表示期待可以尽快渡过这段困难时期，重启两市之间的交流合作与发展。京都市长门川大作在感谢信中写道："西安有许多的国际友好城市，应该有很多城市都像京都一样需要帮助。而西安能够慷慨解囊，给予京都超出预算的大力支援，让包括我在内的所有京都市民非常感动。"

2020年10月15日是京都自治122周年纪念日，在纪念庆典中，京都市再次表达了对西安市给予援助的感激之情，授予西安市合作抗疫的特别奖项。

（二）相聚云端，共同推进全球治理

2020年9月10日，京都市组织召开了世界历史都市联盟理事会视频会议，西安市作为副主席城市出席会议。会议表决通过了俄罗斯伊热夫斯克市、塞兹兰市加入历史都市联盟，审议了2019年度活动总结及财务报告、2020年度活动计划及经费预算，并就联盟其他工作事项进行深入讨论。世界历史都市联盟于1987年由京都市倡议发起，旨在促进人类和平事业不断发展，共同探讨在古城保护和发展方面所面临的课题，交换信息，促进历史都市的持续发展，开展古城间的交流与合作。目前联盟共有66个国家和地区的119个城市为会员城市，其中1名主席城市，2名副主席城市。京都市是该联盟的主席城市，西安市于1994年加入联盟以来一直担任理事和副主席城市。

（三）远程互动，增进两市友谊与合作

疫情下中日两国均对出入境进行严格管理，人员的往来在短时间内成为奢望。而除寄情于信、云端会晤之外，西安市与京都市还开展了别开生面的线下互动交流，为疫情期间两市的交往添上了浓墨重彩的一笔。为进

一步加深少年儿童对中日友好的理解，促进两市民心相通，在 2020 年下半年，两市分别举办了少儿绘画作品交换展。2020 年 8 月 16 日至 30 日，"西安京都国际友城少儿绘画作品展"在西安市青少年宫举办。活动由西安市人民政府外事办公室、共青团西安市委员会共同举办、西安市青少年宫承办，共展出 34 幅京都市少儿作品和 103 幅西安市少儿作品。2020 年 9 月 30 日至 10 月 4 日，"京都国际友城少儿绘画作品展"在京都市美术馆举办，活动由京都市教育委员会主办，西安市 30 幅少儿绘画作品参加展览。两市少儿绘画作品交换展览以"体现中日友好，展现家乡风貌"为主题，作品内容丰富、风格活泼，中日友好小使者们用手中的画笔描绘出了对国际友城的理解和对家乡的认同，用绘画作品交流感情、切磋技艺，共同绘就了一座色彩斑斓的友谊之桥。此外，西安市将选派 2 名选手参加 2021 年京都市线上马拉松比赛，利用比赛专用 App，在西安市完成 42.195 千米赛程。

四、疫情影响下国际城市交流的特点

新冠肺炎疫情不仅深刻影响着人类社会，也让国际城市之间的交流呈现出诸多新的特点，主要体现在以下几个方面。

（一）现代高科技发展成果广泛运用到疫情下的国际交流互动中

受疫情影响，国际人员往来受阻，传统的线下"面对面办活动"的对外交往模式受到制约。现代通信技术的发展为疫情下的国际交流提供了更多的可能性。虽然"面对面"的对外交往按下了"暂停键"，但西安市的对外交往不但没有停止，反而呈现出愈加活跃的态势。线上"云外事"发挥了格外重要的作用，破解制约人员往来现状，推动交往模式转变，确保了"人员往来虽止步、对外交流不停歇"，有力促进各领域对外交流与合作。此外，一系列助力国际交流的 App、小程序应运而生，拉近彼此距离的同时，为疫情大背景下的国际交流刻上了现代化的时代烙印。

（二）不断创新形式，对外交流异彩纷呈

传统的国际交流凸显人员的流动，疫情下的国际交流则更注重于资源的流动。资源的多样性与形式的创新性结合后，让疫情下的国际交流呈现出更加丰富多彩的内容。2020 年，西安市先后参与了伊朗伊斯法罕举办的青少年影视作品大赛、中国驻阿根廷使馆举办的中阿友城宣传片展播、西班牙瓦伦西亚举办的海鲜饭视频大赛、日本京都举办的线上国际马拉松等活动，不断创新的交流形式为疫情下的国际交往增添了更多趣味性，也为彼此进一步推进友好交流提供了更多经验和借鉴。

（三）团结合作成为疫情期间国际交往的主旋律

疫情发生以来，习近平总书记时刻关注国内外疫情形势，高度重视抗疫国际合作，从构建人类命运共同体高度，亲自推动疫情防控国际合作。当中国疫情防控取得阶段性成果时，许多国外城市主动联系西安市争取物资援助、探讨疫情下城市治理办法。西安市主动作为，无私提供了国际援助，分享抗疫经验，这一做法得到了世界城地组织等国际组织和友好城市的认可和赞赏。

五、疫情期间国际交流的几点思考和建议

（一）继续真诚合作，共同化解全球危机

新冠肺炎疫情让世界发现，在自然界面前，人类社会是一个联系紧密的共同体，面临全球危机没有人可以独善其身。面对疫情冲击，各国应该加强团结与合作，协调政策立场，维护全球产业链、供应链稳定，防止

世界经济陷入衰退，而不应以邻为壑、分裂孤立，更不能把疫情问题政治化，抹黑、指责、鼓动搞对立。倡导人类命运共同体意识，继续深化国际合作，建立更加平等均衡的新型全球发展伙伴关系，同舟共济，权责共担，维护人类共同利益。

（二）加强民间对外交往，服务国家外交布局

疫情引发国际对于意识形态与政治体制的争论，误解与偏见让人们陷入了自制的信息孤岛，既不能客观看待问题，也不能公平评判事实。在这样的国际环境下，民间对外交往需要发挥积极作用，我们必须抓住一切可以利用的机会，积极传递我国经济发展、政治稳定、社会进步、民族团结的良好发展局势，传播改革开放以来我国取得的巨大成就，传达我国一直以来坚守奉行的独立自主的和平外交政策，为我国的经济发展争取一个长期的、和平安定的国际环境；发挥民间外交的优势，通过人民之间的友谊来促进、推动国家间、地方间的交往与合作，不断增进与世界各国人民之间的相互理解、相互信任；充分发挥民间交往渠道多、接触面广、交往方式灵活的优势，积极创造条件，牵线搭桥，推动地方政府间的联系和交往。

（三）广泛运用高科技发展成果，推进国际交流更上新台阶

从"云端会晤"到"线上马拉松"，科技的发展为疫情下的国际交流提供了更多的可能性。作为新尝试，运用高科技让疫情下的国际交流取得了丰硕的成果，也带给我们更多的启发。21世纪发起的全新技术革命，特别是以5G为代表的通信技术更迭，已经深刻地影响到我们生活的方方面面，同时破解了疫情期间人员不能流动影响交流的现实问题。进一步完善技术手段，创新思路大胆运用科技创新成果，助推国际交流更上新台阶。

新媒体视域下西安"网红旅游城市"形象传播研究

冯诚成，仇倩倩[*]

摘要： 新媒体的传播环境为古城西安赋予了"网红旅游城市"的形象标签，本文综合考虑西安市作为"网红旅游城市"的城市形象传播现状，探讨新媒体对城市形象传播的重要作用，通过对其传播基本要素、传播规律、传播特征的分析，提炼出西安"网红旅游城市"形象传播"社会＋经济"双重效益的正面影响，同时，对传播过程中的不足之处提出提升建议，以期提高西安"网红旅游城市"形象传播的影响力，为新媒体时代国内城市形象的特色化传播提供借鉴与参考。

关键词： 新媒体；城市形象传播；"网红旅游城市"；西安市

引言

在新媒体的时代背景下，"网红旅游城市"形象塑造面临着全新的传

---
[*] 冯诚成，西安工业大学文学院学生；仇倩倩，西安交通大学马克思主义学院博士研究生，西安工业大学马克思主义学院教师。

播环境。"网红旅游城市"是指具有较高网络知名度，通过深入挖掘自身存量资源价值，利用新媒体平台中的短视频营销等方式带动第三产业，尤其是旅游业和文娱产业等服务业的发展，同时积极布局新经济产业集群的城市。[①]"网红旅游城市"擅于利用其独特的旅游资源构建联通城市与游客的网络信息价值体系，利用科技赋能创造网络传播热点以满足消费者求同存异的心理，同时注重游客的自我表达、自我创造与自我再传播，积极推动打造资源、服务、平台、营销全方位旅游新格局。

城市旅游的发展与变革是社会发展的重要动力之一，"网红旅游城市"要向好发展，必须树立良好的城市形象，通过利用新媒体平台进行城市形象的宣传，充分利用数字化时代优势，增强城市的吸引力。在科技飞速发展的今天，传统媒介在第三产业的市场营销中逐渐显得力不从心。与此形成鲜明对比的是，新媒介因其自身的巨大优势而迅速兴起，并显示出日益强大的影响力。

随着时代的发展，"网红旅游城市"的内涵不断被赋予更深刻的意义。2021年10月27日，在南方财经全媒体集团指导下，21世纪经济报道、21财经客户端、21世纪创新资本研究院、腾讯云联合发布第二届《中国潮经济·2021网红城市百强榜》，该榜单从网络热度、城市活力、潮生活、产业发展、印象评分等5个维度，设置了13个二级指标、39个三级指标，[②]为研究城市影响力塑造和产业布局提供了全方位的视角，具体数据指标如图1所示。

最终研究结果显示，上海市、北京市、杭州市、深圳市、广州市、成都市、南京市、武汉市、长沙市、西安市的"网红"指数得分位列前十。[③]

---

① 沈阳. 网红城市如何一直红下去 [J]. 人民论坛，2019（30）：130-131.

② 数据来源：21数据新闻实验室、京东数据研究院、智联招聘、启信宝、各地统计公报或年鉴、Wind、携程、非常准、各机场官网、铁路12306、猫眼、大众点评、抖音、百度搜索、新浪微博等。

③ 21世纪经济报道.《2021网红城市百强榜》出炉：哪座城市最"潮"？[N/OL]. 新浪财经，2021-10-28. https://baijiahao.baidu.com/s?id=1714792122310993433& wfr=spider&for=pc.

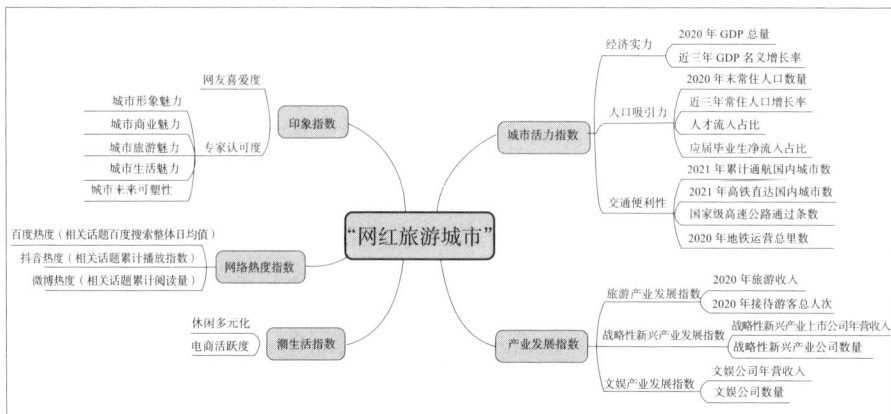

▲ 图 1 "网红旅游城市"评价指标

　　文化旅游产业是"十三五"以来西安市现代产业体系构建的重要组成之一，其支柱产业作用日益彰显。在新媒体时代一大批"网红旅游城市"迅速发展的浪潮中，"互联网＋十三朝古都"的独特设定令西安"网红旅游城市"影响具有鲜明的代表性，焕发出了时代魅力：古城墙、钟鼓楼、南门迎宾礼、大唐不夜城、洒金桥美食、永兴坊"摔碗酒"等"网红"景点，充分融合了西安市的古代气韵与现代风华。西安市"文化古都"与"网红城市"并举的城市形象成功转型，其传播策略值得研究、分析与借鉴，同时，在城市形象传播过程中出现的问题，也值得进一步审视与探讨。

一、基于 5W 模式分析西安"网红旅游城市"的新媒体传播特点

　　拉斯韦尔的 5W 模式是传播学经典模型之一，以 5W 模式为基点，从西安城市形象的传播主体、传播内容、传播渠道、传播受众、传播效果的不同特点分层逐步分析，有助于厘清今日西安"网红旅游城市"形成的传播路径，为新媒体时代的城市形象传播提供样本。

（一）西安"网红旅游城市"的新媒体传播主体及特点

西安"网红旅游城市"形象的新媒体传播主体大致分为以下两类：一类是总览全局型，以掌握主导话语权的官方媒体为主。2018 年至 2019 年，新华社、中央广播电视总台、《人民日报》等多家主流媒体以"网红城市"为主题对西安市进行了正面报道，以 2018 年春节为例，陕西省当地官方媒体报道量达 135 篇，央视网中的 30 条相关报道中有 13 条是中央广播电视总台新闻报道的视频，① 在《人民日报》的相关报道中多次运用到"网红西安"这一词汇，西安市成为 2018 年春节期间主流媒体报道最多的城市。主流媒体的大力支持，为西安市的发展注入了新的活力，也将西安"网红城市"的形象向全球传播开来。另一类是个人自媒体。当今社会，抖音、微博、微信等社交媒体极大普及，拥有一定知名度和粉丝量的自媒体会在社交媒体上发布城市的相关信息，利用资源和信息传播优势对西安旅游城市形象进行对外传播。

将西安"网红旅游城市"的新媒体传播主体作为研究对象，我们可以归纳如下特点：一是传播主体新身份的构成。不同于传统媒体时代，在西安城市形象塑造中，形成了一大批拥有普通个体情绪、个体认知的自媒体，这些自媒体成为城市形象塑造与社会化传播的重要力量。专业化的自媒体团队及个人运用新媒体平台，抓住网络时代发展契机，实现自身知名度的迅速提高。二是传播主体新模式的形成。新媒体时代背景下，媒介融合理念日益凸显。西安新媒体传播也打破传统的线性传播模式，形成传播网络。新媒体运营主体相互合作，实现利益最大化。新媒体时代对媒介专业化程度要求越来越高，个体难以独善其身，合作才能共赢。三是官媒传播垄断地位的削弱。传统媒体时代官媒的话语权十分强大，而新媒体是"人人都有麦克风"的时代，媒体人的社会身份、社会地位也发生了转移，

① 晏冉."网红西安"城市形象传播研究［D］.长沙：湖南师范大学，2020.

受众的信息获取渠道不再仅仅依赖官方媒介，这是新媒体时代发展所导致的必然现象。

（二）西安"网红旅游城市"的新媒体传播内容及特点

从传播内容的角度而言，西安的"网红旅游城市"传播元素是十分丰富的，主要包括以下方面：一是历史古迹和文化景点，包括秦始皇兵马俑、钟鼓楼、大唐芙蓉园、永兴坊、大雁塔、古城墙等；二是传统美食，起源于秦朝的凉皮、水盆羊肉、肉夹馍、牛羊肉泡馍、肉丸胡辣汤、自带"网红"属性的裤带面等，都成为西安市的重要标签；三是代表性城市民谣，如《西安人的歌》《忆长安》等均让游客感受到了陕西城市民谣的魅力，这些具有地方特色的民谣都是城市文化的载体；四是影视文学作品，以《白鹿原》为例，它是西安城市形象传播具有代表性的影视文化作品之一，其同名小说曾入选改革开放四十周年最具影响力小说并问鼎茅盾文学奖，此外网剧《长安十二时辰》在为观众呈现精致而灵动盛唐画面的同时，也提升了西安市在受众心中的知名度；五是城市形象宣传类短视频，西安市善于运用短视频推动"网红"旅游业的发展，令受众通过短视频了解西安市，短视频的趣味性和实效性，成为塑造"网红旅游城市"良好城市形象的利器。

这些传播内容在新媒体传播力的"加持"之下也颇具特点：首先，西安市的新媒体传播内容具有个性化的特征。在新媒体时代背景下，UGC模式逐渐形成与发展，不同的用户年龄、受教育背景、兴趣爱好各不相同，产出的内容具有极强个体情绪和个体性格。其次，具有独特性的特征。作为十三朝古都，西安市在发展旅游业时充分剖析自身的文化、历史资源的独特优势，同时在近几年把握十四运会（中华人民共和国第十四届运动会）举办的良好发展契机，将历史文化与现代文明进行了充分的融合，这是其他很多"网红旅游城市"所不具备的特色。最后，其内容也具有专业化的特征。就具体的传播西安城市形象的媒介个体而言，内容具有越来越专业化的趋势。这也是新媒体时代传播主体所体现的一个重要特征。各个领域的人才在自己的领域深耕，创作高质量作品，形成了推动西安"网红旅游城市"形象传播的合力。

（三）西安"网红旅游城市"的新媒体传播渠道及特点

根据传播渠道进行分类，西安"网红旅游城市"的新媒体传播渠道主要可分为表1所示的四类。

表1　西安"网红旅游城市"的新媒体传播渠道分类

序号	平台分类	平台示例	作用与选题视角
1	社交类平台	微博、微信、QQ、小红书等	受众在社交平台通过交流、分享等人际传播与大众传播行为，实现西安市"网红形象"的社会化传播
2	资讯类平台	今日头条、腾讯新闻、网易新闻等	是西安城市新闻信息传播的重要渠道，为西安城市形象塑造提供较为官方权威的信息指导
3	视频类平台	腾讯、爱奇艺、芒果、优酷等	播放具有古都特色的影视作品，是"网红旅游城市"形象塑造的关键力量
4	短视频类平台	抖音、快手等	有人说如今是短视频的时代，作为西安"网红旅游城市"形象塑造与传播的关键力量，短视频平台功不可没

西安"网红旅游城市"的新媒体传播渠道同样具有鲜明的特征。

1. 多元化特征

官方渠道与自媒体平台相联动，多维度布局打造城市旅游业宣传网络。在新媒体时代背景下，西安市充分利用自身自然与人造旅游资源，利用多种渠道凸显城市旅游业的竞争优势。

2. 立体化特征

在旅游业宣传方面，西安市构建十三朝古都的立体化传播格局，用独具一格的城市叙事体系阐释古都形象，以文载道、以文传声、以文化人，增强受众对西安市的了解，增强舆论引导力，从而为西安旅游经济的发展打下坚实基础。

3. 互动性特征

传播渠道的互动性主要体现在线上与线下的互动上。线上的传播活动利用其声势转移到线下，线下的传播活动反馈到线上，互动化的传播渠道为"网红旅游城市"形象的传播增添异彩。

（四）西安"网红旅游城市"的新媒体传播受众及特点

受众是传播行为的最终抵达，西安"网红旅游城市"的新媒体传播受众均可从以下几类受众群体中找到对照样本：按照接触的媒介类别，可分为报纸读者、广播听众、电视观众；按照人口统计学原理，受众群体内部可以按照性别、年龄、职业、地域、教育水平等再划分为不同的次属群体；按照接触新闻媒介的频率，可分为稳定受众和不稳定受众；按照受众不同的信息需求，可分为一般受众和特殊受众；按照接触新闻媒介的确定性，可分为现实受众和潜在受众；按照新闻媒介明确的传播对象，可分为核心受众和边缘受众。①

当然，其他类型的传播受众在西安"网红旅游城市"的塑造过程中也扮演着重要的角色，一类是对传播信息有特定需求成为城市形象传播的核心受众，比如短期有旅游计划的游客、有研究意向的学者、与城市有着深厚渊源的人群，这类受众不仅对于传播的信息格外关注，同时也会主动搜索相关信息，与城市形象相关的负面信息也更易影响到这类受众，当发生城市形象污名化事件时，核心受众会更偏向于观望的态度或维护的态度；另一类则是边缘受众，这是指对与城市形象有关的信息需求度不高的受众，他们接受城市形象宣传时更多是处于一种被动的地位，吸引这类受众的信息大多是体现"新""奇"特点的内容，当发生与城市形象相关的负

---

① 李骥.大学生思想引导中的新媒体应用研究［D］.武汉：武汉大学，2017.

面新闻时，边缘受众会出于戏谑心理进行调侃吐槽，城市的负面信息也更易给这类受众造成刻板印象，造成负面影响。①

从新媒体传播受众的视角而言，西安"网红旅游城市"在形象塑造过程中具有如下特点：一是广泛性。受传播平台与渠道发展的影响，"网红"旅游业信息受众范围逐渐扩大，受众不再局限于某一狭小的范围。无论用户身处何地、受教育水平如何、个人身份如何，都可能被推送有关"网红旅游城市"西安市的信息。新媒体传播的广泛受众群也为西安"网红"旅游的快速发展提供了潜在的庞大目标用户群体。二是混杂性。受众复杂、异质，每个方面各有差异。如对美食感兴趣的受众会更多地选择有关西安美食报道，对历史感兴趣的受众则会更多地选择对西安历史文化脉络发展的信息，受众由于自身所接收的信息的差异，对西安旅游业的印象也不尽相同。三是分散性。这是新媒体时代发展的必然现象，人们更多的关注线上的体验而忽略线下的交流，受众之间大多不能产生直接的、面对面的交流，人们对于西安市的信息分享更多的是在线上平台，更注重线上的体验，未经证实的线上信息都将会直接或间接地影响人们旅游出行的选择和计划。四是隐匿性。在网络之下，传授双方都在以一种有别于真实身份的姿态进行交流，在充分尊重受众个性化及自由言论权利的同时，也为有关西安市的城市形象的谣言提供了产生与传播的温床。

（五）西安"网红旅游城市"的新媒体传播效果及特点

从产生的逻辑序列角度来看，传播效果可以分为认知、心理和态度、行为三个层次，这是效果的累积、深化和扩展的过程。受众在经由新媒体接受西安"网红旅游城市"形象的传播初期，对西安这座城市的形象形成初步的认知，之后新媒体的传播会进一步在受众的心理和态度层面上形成影响，最后则是会影响到受众选择西安市作为旅行目的地并付诸行动的行

---

① 晏冉."网红西安"城市形象传播研究［D］.长沙：湖南师范大学，2020.

为层面的变化，在这一过程中传播效果层层递进。

西安"网红旅游城市"的新媒体传播效果具有制约性和示范性并重的特点。首先，庞大的新媒体信息体系必然会导致受众所接收的信息的制约性与局限性。受众选择自己感兴趣的领域接收西安市的相关信息，又根据接收到的信息认识西安这座城市，大数据依据庞大的算法功能不断向同一受众推送相似信息，受众能接收到的有关西安市的信息覆盖面越来越窄，对个体来讲，长此以往将有可能形成信息茧房，传播效果也会减弱。其次，强品牌化的内容对社会反馈具有一定的引导作用，影响着西安旅游城市形象的塑造与传播，以"西安年·最中国"系列活动为例，其把握自身优势、凸显自身特色的 IP 化特点十分突出，也将西安市良好的城市形象推向更广泛的受众，从 2018 年春节以来"西安年"系列的概念也随即不断扩充。由此可见，西安"网红旅游城市"的形象想要持续的、正向的发展，必须发挥品牌化的优势，善用新媒体，讲好新时代的西安故事，加强具有传播性的内容的正面示范作用，维护城市在受众心中的良好形象。

二、西安"网红旅游城市"形象传播的不足与建议

新媒体时代的"网红旅游城市化"已成为西安市的重要形象标签之一，它也为国内其他城市的"互联网＋"文旅贡献了新的传播范式，然而在传播过程中，西安"网红旅游城市"形象构造的传播过程同样存在着"娱乐至上""网络狂欢"等一系列现象，其不足之处同样不容忽视并有待进一步完善。

（一）西安"网红旅游城市"形象传播发展中的审慎

1.泛娱乐化现象消解十三朝古都历史文化底蕴

在 UGC 的模式下，西安"网红旅游城市"形象中娱乐元素占据了很大比重，新奇故事、绚丽景象成为传播过程中的主要价值衡量，却淡化

了城市的文化内涵，与原本进行良好城市形象宣传的初衷有一定程度的相违。

泛娱乐化现象有可能消解西安城市形象的历史文化底蕴，原因主要有以下几点：首先，网络的开放性、多元化、去中心化、时空压缩和碎片化等新特性是对否定理性、反叛权威及虚无主义等思潮的现实映照。[①] 受众更多的是追求一种使自己生活变得愉快轻松的方式，对西安这座历史文化古都进行娱乐式地消解，例如将兵马俑等历史文化古迹过度包装成现代工业的样子，本身就是对西安这座城市历史文化的不尊重。其次，由媒体营造的"消费主义"陷阱也在不断冲击着日常生活的理性壁垒，与个人主义、价值虚无主义等观念融合，可以看到西安市在"网红旅游城市"形象的发展过程中，也存在着重经济效益轻社会效益的现象。这些观念作为新趋势在网络平台的日常生活中快速弥散，一定程度上助推了泛娱乐化发展。最后，技术更新、受众迭代后带来的追求视听刺激、对正统的恶搞式解构、本能的娱乐至上和漫无目的地刷屏，形成了今天媒体传播亟须规避的异途。大众媒体追求雅俗共赏，在过重的商业逻辑下，要审慎对待西安"网红旅游城市"形象传播的媚俗化倾向。

2. 恶性事件发酵削弱媒体公信力

近年来发生在西安市的各类恶性事件频繁出现在网络热搜，对西安"网红旅游城市"的城市形象传播造成负面影响。互联网时代，事件传播、发酵的速度极快，稍有不慎就会对城市形象传播造成负面影响，贴上城市标签的恶性事件也将直接对城市形象产生极大的负面影响，而这些负面影响因为"互联网记忆"的存在往往很难消除，想要将负面影响降到最低，常要经过各方长期不懈地努力。

3. 旅游业快速发展造成环境污染、资源浪费现象

西安旅游业的快速发展也伴随着一系列问题，各历史文化古迹游客量

---

① 胡正荣，王天瑞. 新传播环境中的泛娱乐化现象与破解［J］. 青年记者，2021（23）：9-11.

激增，在一定程度上加速着历史资源的损耗。兵马俑景区虽多处明令禁止拍照，一些游客依然置警示于不顾，闪烁的闪光灯加速着对兵马俑材质的损害，因为历史资源本身的特殊性，这种损耗显然是不可逆的。各旅游景点接纳人数增多，所带来的环境污染与资源浪费现象也在加重，城市清洁环卫人员的负担也随之加重。旅游业发展所带来的环境污染、资源浪费等问题亟待解决。

（二）西安"网红旅游城市"形象的新媒体化传播建议

1. 政府总览全局，积极发挥引领作用

在新的传播背景下，需要熟悉新媒体、善用新媒体，政府行之有效的引领举措仍旧前路修远：一是要对西安城市形象进行恰当定位，对城市形象的塑造进行宏观指导。西安市以十三朝古都闻名，深厚的历史文化底蕴赋予了西安市在新媒体时代"网红"旅游发展的独特魅力。政府要充分运用这一显著优势，把握古都西安特殊的经济结构、地理位置、地貌特征和风俗民情等，进行宏观规划，建立西安"网红旅游城市"独特的城市品牌，为西安市的发展指明未来的航向。二是政府要为城市的发展提供坚实的物质保障。城市形象的塑造要有坚实的经济基础和物质基础，不仅要有日常的精神文明建设，还要有大量的资金支持。三是要贯彻落实"人才强国"战略，吸引、培育具有互联网思维方式和新媒体运营经验的高层次公关策划公司与高质量人才参与西安市良好的城市形象建设。专业人才、专业团队对西安城市形象的全面、深入的调查与策划，对提升西安市整体的良好城市形象具有重要意义。

2. 实现旅游业融合发展，追求经济效益与社会效益的统一

一是促进旅游业和互联网的融合发展。要积极构建合法、健康、绿色的互联网旅游平台与渠道。在新媒体环境下，消费者和生产者之间对于旅游产品进行解说和购买的行为与以往不同，通过互联网旅游平台，旅客可以根据自身的旅游需求实现旅游方式的定制。消费者从中获得有关西安旅

游的更加实惠的高品质的信息与周边产品，生产者也能获得更加简便、快速的西安特色产品宣传方式。二是促进旅游业和影视业的融合发展。很多优秀的影视演员如张嘉益、闫妮、郭涛、孙浩、苗圃、白宇等从三秦大地走出，为受众带来了优秀的影视作品。2020年11月底在中央广播电视总台综合频道播出的《装台》，通过讲述一个西安本土工作者的人生经历，向全国展示西安地区的风土人情；再如《长安十二时辰》，以长安为背景将故事嵌入世界文化中心，为观众带来了丰富的文化价值。西安市的"网红旅游城市"形象传播可更注重旅游业与影视业的融合发展，创作出更多具有西安特色的优秀影视作品。三是促进旅游业和商贸业的融合发展。"旅游＋商贸""旅游＋购物""旅游＋会展"的互动发展模式，将市场的巨大人流、物流、信息流、资金流转化为旅游发展的强劲推动力。要发展"门票经济"，走出一条涵盖吃、住、行、购的全链条，推动西安市作为旅游城市顺应时代潮流发展、积极探索产业融合的趋势。

3. 重视绿色可持续发展，持续挖掘古都发展潜能

近年来，西安市坚持绿色发展的理念，将浐灞沿岸建设成风景如画、草长莺飞的湿地公园，极大改善了西安的城市环境，为游客提供了休闲的好地方，"后海"观景平台成为近期互联网热搜之一。西安市应利用自身的独特优势，建设文化底蕴深厚、生态环境优美且有明显特色的绿色旅游景区，持续发展多元化的业态；在新媒体背景下，要充分运用新媒体平台，运用直播、短视频等方式将具有内涵的城市特点宣传开来，增强西安旅游业特色，持续挖掘古都发展潜能；同时，在文旅融合发展的大背景下，要将非遗特色、年俗活动与旅游深度结合，防止地域间的同质化，保持旅游业鲜明特色，推动差异化传播，促进西安"网红旅游城市"形象的良好传播。

结语

新媒体的发展为西安"网红旅游城市"的形象传播创造了条件，旅游

城市的"网红化"借助新媒体平台巨大的流量、庞大的曝光吸引了无数的游客，游客在旅游体验过程中的自我表达、自我传播、自我再创造将正面情感回馈于城市，实现了社会效益与经济效益的双重发展；同时，网络流行文化催生出了一系列网络符号及元素，将西安市的城市特色升级为"网红旅游城市"的标签。不同受众对于每一个"网红旅游城市"都有自己独特的印象，从这一角度来说，旅游城市的"网红化"也强化了城市的互联网形象，传播了独树一帜的古今交融的西安城市形象。

西安市的"网红化"旅游城市形象为我们提供了如下启示：第一，"网红旅游城市"建设要注重政府、企业、媒体和公众的互动，多方深度协作，引导进行全面化、立体化的宣传，打造"网红城市"IP，利用"网红"的影响力来吸引公众的注意力。第二，要以城市主要的特色资源为依托，充分利用其自身的优势与特色。第三，运用多种媒体途径，将传统媒体、新媒体等多种媒体资源进行有效的整合，传播城市良好的形象。第四，要善于制造话题，善用新媒体，善讲西安事，通过热门的电影和电视剧等文化资源促进西安"网红旅游城市"的形象传播。

同时，在本文研究范围内，依旧有很多问题值得深入挖掘，如何将绿色生态与城市经济发展更好地结合起来，如何最大限度地减少谣言及负面舆情对城市形象传播造成的不利影响，各种新的营销手段如何与城市特色品牌实现更好地对接等问题，依旧需要深入探讨。

城市文化与传播

基于历史环境情感传播的西安城市形象研究报告

姚　倩[*]

摘要："网红城市"的称号虽然能够成功引流，但对西安市的整体城市发展来说也具有两面性。首先，如何形成文化建构西安城市形象的长效机制是核心问题；其次，如何维持旧有"网红"，秉持何种原则发掘新的"网红"也值得探索。最后，应意识到西安市的城市形象不应被"网红"所裹挟，需要突破与创新。通过调研发现，西安城市正面形象的主要激发点在于市民对于西安历史文化环境的依恋与向往，通过网络平台将这种向往泛化成为一种对于西安城市的"想象力"，形成了情感价值。因此本文从以下三方面入手，实现受众情感实践增值，增加城市认同：以受众需求为本，打造城市 IP；注重多取向发展，建构多层次情感传播；多形式开发，建构知识传播路径。

关键词："网红城市"；西安市；城市形象；情感

* 姚倩，西北政法大学新闻传播学院工程师，陕西师范大学博士研究生，研究方向为跨文化传播。

一、研究背景与问题的提出

作为千年古都，西安市以拥有丰富的历史文化资源闻名于世。经济和文化相辅相成，一二十年前，来西安市的游客最深的感受就是"白天看庙，晚上睡觉，走马观花"。虽然西安市文化底蕴厚重，可是游客不会玩、不知道怎么玩，观光体验并不好，"千里而来，浅浅而过"是当时的旅游写照，游客对西安市的城市印象也只停留在表面，西安市的城市形象未经雕琢，始终停留在"十三朝古都"的定位上，西安市的历史文化资源没有得到充分宣传与应用。

现在西安市深度整合文化旅游资源，不仅引爆了旅游市场，还迅速提升城市形象，一跃成为备受追捧的"网红城市"，为城市发展带来综合效应。"网红城市"是指因为受到某些"网红因素"的影响，使该城市的网络曝光度暴增，从而备受网民关注，能够吸引网友"打卡"的城市。例如重庆市爆红网络的价值百万的山城夜景，以及神奇魔幻的 8D 交通；又如蓉城成为无数人心中向往的歌曲《成都》，以及 iPanda 熊猫频道实时在线的"萌宠"大熊猫等。"网红城市"往往与"活力""青春""有内涵"等词汇相关联，"网红城市"以积极正面的城市形象而吸引人们竞相前往。

纵观近年引发古城西安红极一时的"爆点"事件，首先是"排队俩小时，只为摔个碗"的"摔碗酒"。2018 年 1 月前后，西安市永兴坊美食街一家店铺推出了"摔碗酒"——游客买一碗当地产的米酒，喝完之后，豪气地摔在地上。最初，"摔碗酒"并不出名。有人把喝"摔碗酒"的过程拍成视频，传到网上，得到了快速转播。许多游客看了这段视频后，赶来体验一把摔碗的豪情。再就是 2018 年火遍全国的文化名吃"毛笔酥"及"西安年·最中国"系列文化活动的举办；再到 2019 年"一人倾城"的"不倒翁小姐姐"走红，引发越来越多的游客慕名前来"打卡"。

西安市的爆红似乎离不开"网红"引流，这同时也引起人们的担忧。

第一，"网红"事件不具有"排他性"，容易被复制，经过大量毫无创新的复制之后，"网红"人气会在达到极值后急转直下。打造"网红城市"不难，关键是要持续"红"下去，因此如何形成文化建构西安城市形象的长效机制是问题所在。第二，所谓"网红"，往往是指某一个人或是某一类同质性事件所形成的"网红效应"，而这一个人或一类事件足够影响一座城市的形象。"网红城市"由于"网红事件"陡然树立起积极正面的"网红形象"，但同时也极易随着"网红"的"翻车"而受到负面影响。因此，如何维持旧有"网红"、秉持什么样的原则发掘新的"网红"，也是必须要注意的问题。第三，西安市的城市形象可以通过"网红"来进行建构，却不应被"网红"所裹挟。"网红"虽然能够引流，但其认可度一直备受诟病。例如"不倒翁小姐姐"成为"西安十四运"火炬手事件就一度登上热搜榜，网友给出的理由是"她是网红"，因此不应成为火炬手。可见人们对"网红"的认可度仍有待商榷。将西安市与"网红"进行捆绑，短期来看能够形成亮眼的经济增长点，可从长远角度来看，脱离了西安城市历史文化内涵的"网红现象"并不利于对于城市形象的长期建构。

经过仔细梳理会发现，"摔碗酒""毛笔酥""不倒翁小姐姐"等各类能够引发西安"网红效应"、营造积极向上的城市形象的"网红事件"中，贯穿于其中的主线是市民对于西安历史文化环境的依恋与向往，通过网络平台将这种向往泛化成为一种对于西安城市的"想象力"，形成了情感价值，通过"打卡"行为能够达成对这种"想象力"的实践，将情感价值通过朋友圈、社交平台进行兑现。

因此，以西安市的历史环境作为城市文化形象建构的出发点，将促进人们的情感认同与情感共鸣，作为城市形象建设的落脚点，既能够维系"网红经济"给西安城市形象带来的红利，又能够打破"网红城市"对于西安城市形象形成的局限。

二、相关研究理论综述

地方理论（place theory）是从人们的感觉、心理、社会文化、伦理道德的角度来认识人与地方关系的理论。1974 年华裔地理学家段义孚提出"恋地情结"（topophilia）这一概念，指出"地方与人之间存在着的一种特殊的依赖关系"，接下来有学者提出了"地方感知""地方依赖"等概念，这些概念组成并初步形成了"地方理论"。地方理论涉及行为地理学、环境心理学等多学科。其中环境心理学中通过地方理论深入"人—地情感联结"（people-place emotional bond）的研究议题，指出环境的历史属性是影响人—地情感的一个重要因素，历史遗存可以满足人们怀旧之情的需要，而后者是人们寻求认同感的心理表现。[①]

有学者认为，地方的历史是一种"集体记忆"（collective memory），为人们提供了有关"地方意义"（place meaning）的解释和自我认同的参照。[②]历史环境除了时间维度的历史本身以外，还具有空间维度的情感寄托，能够以直观的形式唤起人们对往昔生活的想象和回忆，是社会集体记忆的载体。一些场所是举行纪念活动和仪式的地方，人们通过参与能够回忆历史场景并感受到社会存在和身份归属。历史环境是满载情感的场所，是人们重要情感的指向。西安市作为历史名城，拥有丰富的历史文化资源，我们能够通过对历史环境的再加工，塑造、激发人们的情感，使历史环境成为人们情感的生产与放大器。建构一座城市的历史环境可以塑造出其独特的"集体记忆"，进而增强"人—地情感联结"，通过情感传播，将

---

① BENNETT K. Telling tales: nostalgia, collective identity and an ex-mining village［M］//SMITH M, DAVIDSON J, CAMERON L, et al. Emotion, place and culture. The UK: Ashgate, 2009.

② RUBINSTEIN R L, PARMELEE P A. Attachment to place and the representation of the life course by the elderly［M］//ALTMAN I, LOW S M. Place attachment. New York and London: Plenum Press, 1992: 140.

城市认同不断扩大，进一步推动城市影响力的增长与城市形象的建设。遗憾的是，这一点在西安城市形象建设实践和研究中并没有获得足够的重视，历史城市环境的情感意义常常被保护所倡导的教育意义和历史文化意义掩盖。然而目前仍缺乏这一视角下的相关研究。

情感既是一类流动性的资源，可用于改变他人的认知、态度与观点，又是一种结构化的存在，关联着道德、制度和文化规范。根据《2021 世界旅游城市蓝皮书》发布内容，西安市上榜"世界游客向往的中国城市榜 TOP10"，排名第 6 位。西安等城市的特色文化越来越成为吸引外国游客的关键因素。

《西安博物馆之城建设总体方案》提出"两轴一带、四心六区"的规划布局理念，从周秦汉唐到红色记忆再到工业遗产，这个城市的历史记忆、文化自信得到最大限度的保护与彰显。真正搭建起了西安博物馆之城建设空间构架，使西安市真正成为一座"随时可闻、随地可见、随机可讲"的"天然历史博物馆"。秦汉文化主题作品《秦汉风云》，丝路文化主题作品《驼铃传奇》，盛唐文化主题作品《长恨歌》《大唐追梦》《梦回大唐》，还有《西安千古情》《二虎守长安》等大型精品实景旅游剧目焕发出生机与能量，使得西安市成为国内旅游演出项目数量最多、最集中的旅游目的地城市。

根据中国旅游研究院的长期监测，有 20% 的外国游客明确指出来华的主要目的是了解中国特色文化。在具体游览活动方面，外国游客除了游览中国特色的山水风光和文物古迹外，也有较多外国游客参与更具体验性的美食烹饪、乡村度假及文化艺术等活动。城感通大数据系统的数据分析也显示出市民主要兴趣标签正是围绕美食、旅游等方面展开。

三、现状调查及问题分析

（一）研究调查情况

此次研究的调查阶段以调查问卷的形式开展，问卷通过问卷星制作与分发（问卷 ID：132448120），发放时间为 2021 年 9 月 27 日到 2021 年 10 月 11 日，共回收答卷 631 份，其中有效问卷 473 份。问卷的具体内容主要涵盖对西安城市的整体印象与情感态度、对西安历史环境情况了解程度、网络新媒体对西安城市形象的影响以及人们对西安"网红现象"的认知四个维度。

（二）问卷数据呈现与梳理

在所回收的 473 份有效问卷中，问卷来源 IP 显示问卷地理位置遍布全国 30 个省、直辖市以及越南和马来西亚的一些城市和地区，主要集中在 14 个地区（图 1），地理位置分布均衡，其中非西安本地人占 95.14%，能够较好地反映出外地人对于西安的情感态度、整体印象与向往程度。

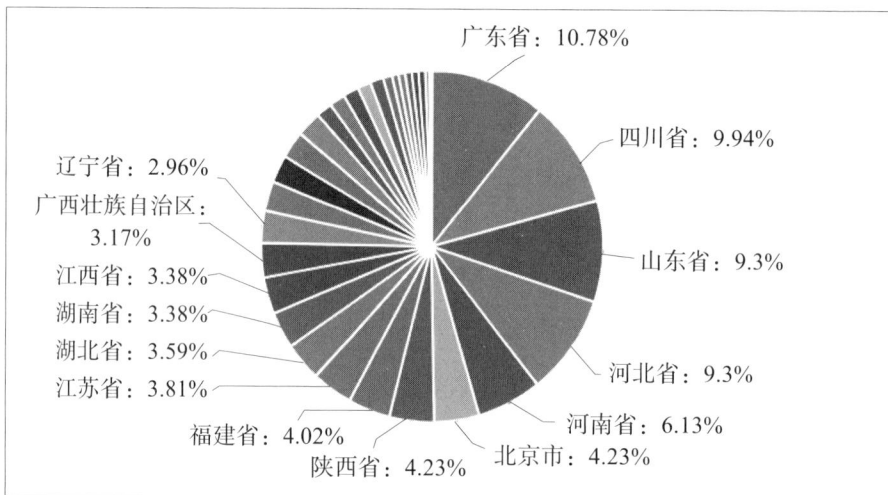

广东省：10.78%
四川省：9.94%
山东省：9.3%
河北省：9.3%
河南省：6.13%
北京市：4.23%
陕西省：4.23%
福建省：4.02%
江苏省：3.81%
湖北省：3.59%
湖南省：3.38%
江西省：3.38%
广西壮族自治区：3.17%
辽宁省：2.96%

▲ 图 1　地理位置分布

（三）群体结构分析

问卷中受访者女性人数占比 60.68%，男性人数占比 39.32%，女性人数偏多。如图 2 所示，受访者年龄主要分布在 31—60 岁（45.45%）、19—30 岁（40.59%），该年龄段的受访者已经形成对某一城市的印象与情感态度，并具备足够的经济能力与时间进行对所向往城市的信息查询、旅游观光、社交互动等自我情感实践。因此，该调查问卷受访者年龄分布合理，调查问卷结果具有一定的代表性。

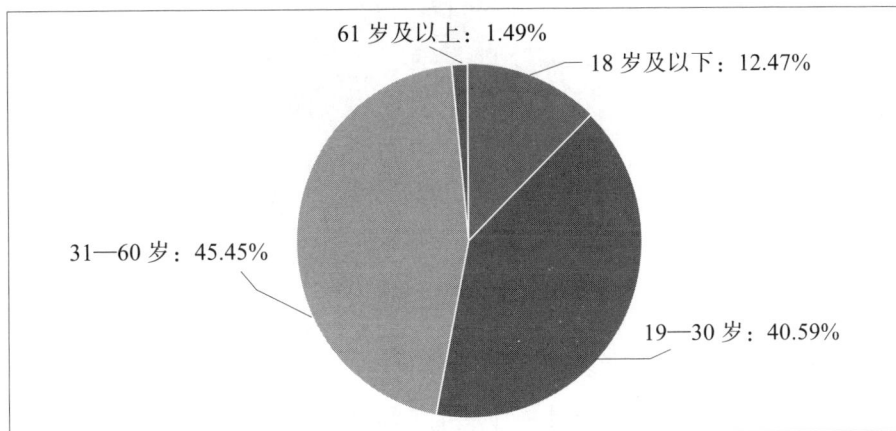

▲ 图 2　受访者年龄结构比例情况

（四）整体形象认知与情感分析

受访者对于谈到"西安的人物联想"，位于第一位的是"秦始皇、汉武帝、武则天、唐玄宗等名帝"（68.08%），远远高于"玄奘、张骞等历史名人"（7.61%）、"不倒翁小姐姐"（6.13%）、"'是西安风味'等博主"（3.59%）、"闫妮、张嘉益等演员"（2.75%）和"路遥、陈忠实、贾平凹等作家"（2.75%），值得注意的是其中的"网红选项"（"不倒翁小姐姐"和"网红"博主）合计占比 9.72%，远远低于西安市的传统历史人物给人们所留下的印象，如图 3 所示。

近年火爆全网的"不倒翁小姐姐"选项仅占 6.13%，抖音粉丝逾千万的大 V 也仅占 3.59%。可见，流量"网红"虽然能够形成盛极一时的"网络景观"形成热点话题，但无法以同等的影响力投射到现实生活中。"秦始皇、汉武帝、武则天、唐玄宗等名帝"这一选项的大比例获胜一方面是由于各类影视剧对帝王形象的塑造，早已在人们心中扎下了根；另一方面是人们会将对于历史人物的认可与情怀投射到这座城市之中，产生强烈的情感关联。

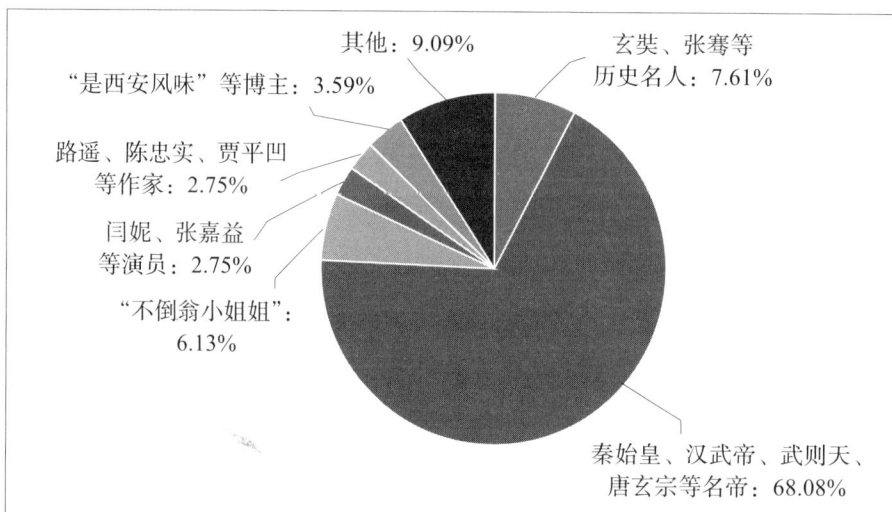

▲ 图3　受访者关于"西安的人物联想"结构比例情况

对西安美食的印象调查时，在"你觉得什么美食最能代表西安市"这一题目中，选择传统美食"肉夹馍、凉皮"（86.89%）的人数同样远高于"网红"美食"毛笔酥"（12.68%）和"摔碗酒"（16.49%）。受访者对"西安市的整体印象"为"历史文化氛围浓厚"（42.71%），与之相呼应，对于"西安市的第一印象"为"历史名城"（82.88%）与"文化名城"（50.11%），大幅领先于"网红城市"（21.14%），如图4所示。

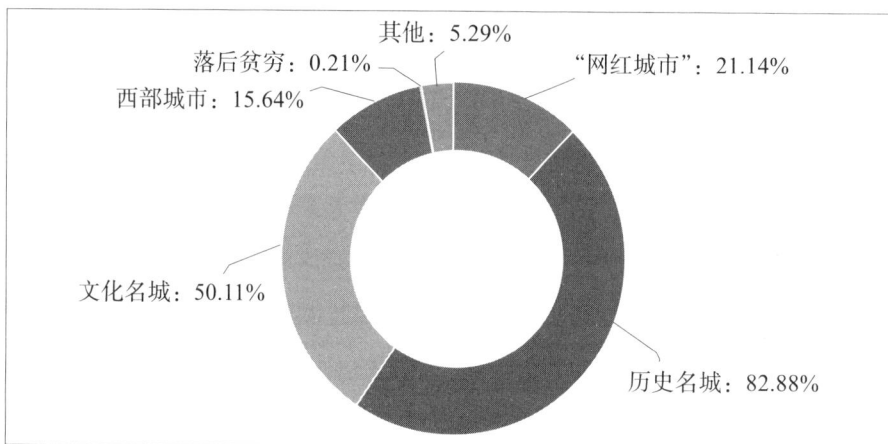

▲ 图4　受访者对"西安市的第一印象"结构比例情况

从问卷调查情况来看，虽然目前"网红效应"对于西安市的整体发展与形象的提升有不小的带动作用，但受访者对于"网红"的认可度仍有待商议，传统的历史人物、文化资源仍然是人们心中西安城市形象的主要维系，能够为绝大多数的受访者提供认知西安市的情感基础。

值得注意的是，对"西安市的第一印象"，认为西安市是"网红城市"的选项中，西安本地人占比 26.09%，外地人占比 20.89%；而认为西安市是"西部城市"的西安本地人占比 34.78%，外地人占比 14.67%。可见西安本地人更倾向于与将自己的城市认作"网红城市"并对西安市的整体发展程度缺乏自信，这与市民城市生活、政府的对内宣传、城市所处地域和城市自我定位相关；而外地人则更倾向于透过"网红现象"去感受西安市的历史文化氛围，能够更好地认同历史文化环境所塑造出的西安城市形象。

这同样反映在"在西安游玩的目的"这一题目中，77.56% 的外地人在西安市游玩是为了欣赏历史文物古迹，远远高于"打卡"热门景区（49.33%），如图 5 所示。

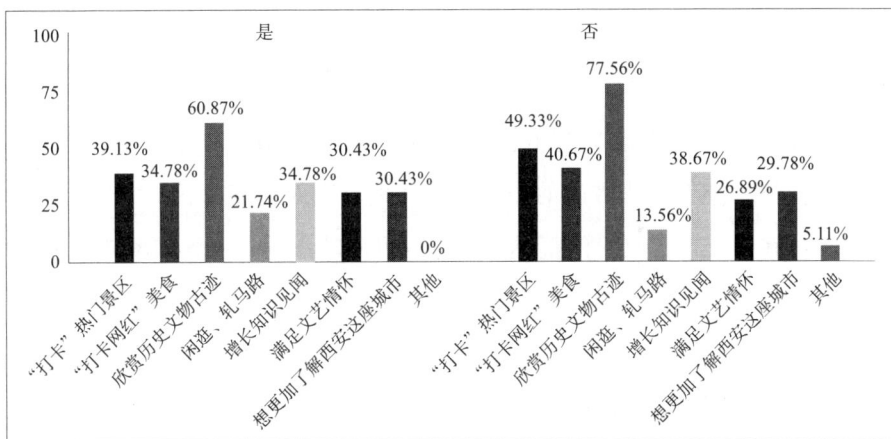

▲ 图 5 是 / 否西安本地人在"西安市游玩的目的"

可见无论是对西安本地人或是外地人，西安历史文化本身的吸引力远大于"网红"推荐，"网红"推荐或许可以成为人们游玩的目的之一，但远比不上历史文化环境本身所能给游客带来的满足感。

（五）对于西安市的历史环境了解程度分析

从问卷调查情况来看，人们普遍认为西安市比其他城市更具有历史文化底蕴，其中西安本地人的文化自豪感更为明显（86.96%），如图6所示。

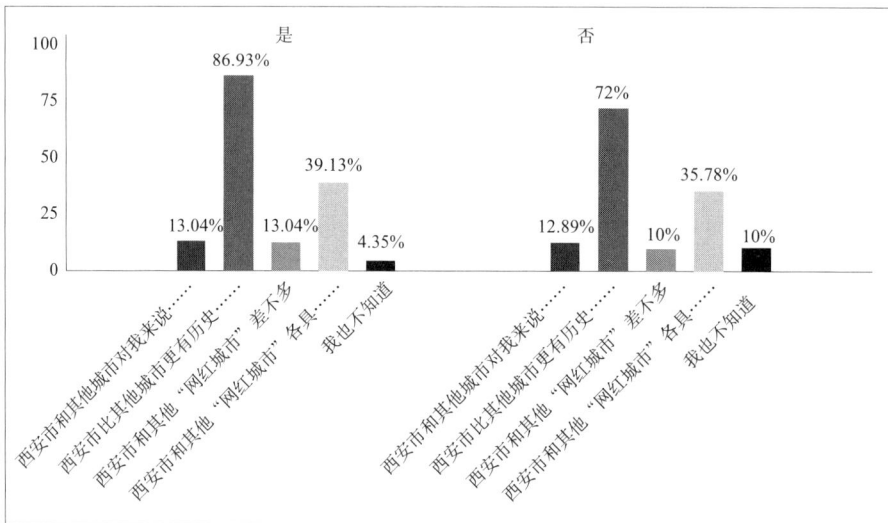

▲ 图6 对您（是／否西安本地人）来说"西安市和其他城市的异同"

西安本地人明显能够更加清晰地了解西安市的历史环境，在历史相关问题的作答中能够较为准确的作答，而外地人则对西安市的历史情况掌握模糊。从在西安市游玩时的整体印象中也可反映出这一点，如图7所示。

西安本地人除了认为西安市"历史文化氛围浓厚"（30.43%），还认为在西安市游览"好吃、好玩、好看"，能够意识到西安市是教育重阵；而外地人虽然能够很好地感受到西安市"历史文化氛围浓厚"（43.33%），由于不够了解西安市的历史文化环境，还是"不会吃""不会看""不会玩"，因此认为西安市"好吃、好玩、好看"（10.44%）的比例远低于西安本地人，同时对西安市的教育氛围几乎没有感受（0.89%），更不会将西安的高校作为"打卡"目的地。

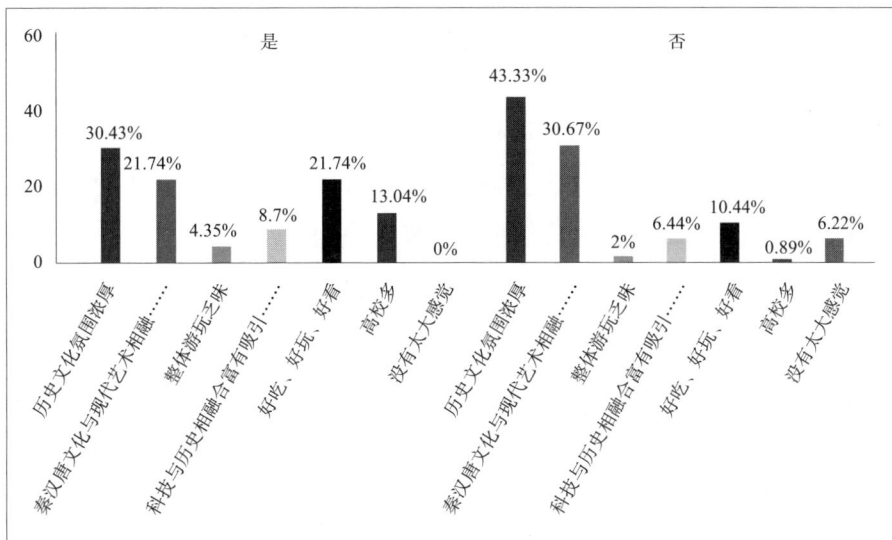

▲ 图 7　是 / 否西安本地人对"西安市的整体印象"

同时，西安本地人对于西安市有着强烈的历史文化情怀。在"与西安感觉相似的城市？"题目中（图 8），西安本地人 39.13% 认为"西安市对我来说是独一无二的"，而外地人则有 61.33% 认为西安市与洛阳市具有相似性。

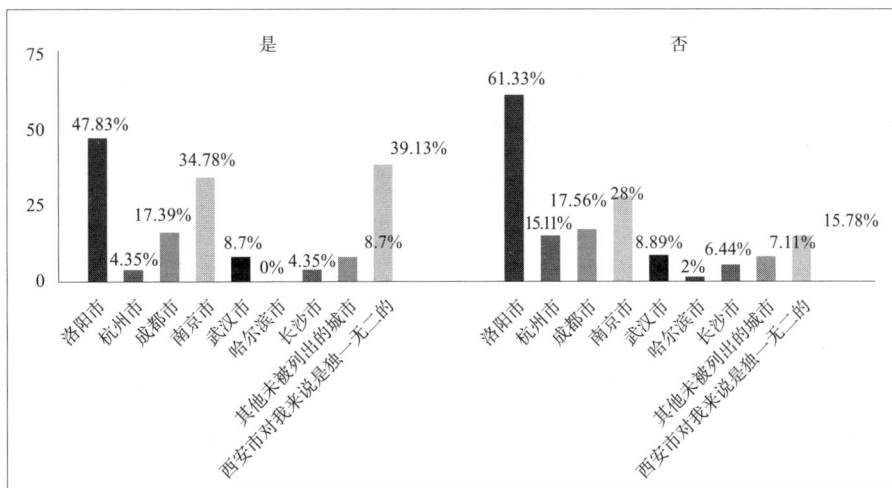

▲ 图 8　是 / 否西安本地人对西安市与其他城市是否有相似的感受

　　同样是历史文化名城，洛阳市与西安市的古都之争从未停歇。近年来，不管是各新闻平台、百度知道还是贴吧、今日头条、知乎，处处都可以看到一个奇怪的现象，西安市和洛阳市两地网友在为一些历史问题进行着争论，乃至相互谩骂、攻击。争论的焦点包括"谁才是历史上建都最多的城市，谁的建都时间最长，谁建都的朝代最强盛"。

　　这一方面是由于强烈的文化情怀与城市情感使市民之间发出了强烈的争论，另一方面也是由于最近几年不管是西安市还是洛阳市，都在努力打造以唐文化为主题的"网红经济"，概念有所重合而产生的"同质相争"；此外，网友对于西安历史文化环境了解不够透彻，更容易倾向于将西安市与洛阳市相等同。西安市在建造大唐芙蓉园、宣传大明宫遗址，或者打造大唐不夜城等历史环境景观方面不遗余力，但缺少了文化情感维系，使历史环境的呈现略显空洞；洛阳市的《唐宫夜宴》和"水下洛神舞"更具有文化情感，短时间内形成了强大的文化影响力，但是没有打造相关 IP 及产业链，后劲稍显不足。

（六）新媒体对西安城市形象的塑造

　　对于一座城市来说，新媒体确实是值得深入发掘的形象建构工具。如图 9 所示：超过 90% 的西安本地人认为新媒体塑造了积极健康的西安城市形象，并且占相当大比例的人数认为新媒体能够反映真实的西安市。同时，相较于外地人而言，西安本地人更倾向于认为新媒体上所呈现出的西安城市形象是"非常片面"（30.43%）的。显然西安本地人心中的西安市是多层次的，新媒体内容则比较单一，维度拓展不够。

　　根据第 48 次《中国互联网络发展状况统计报告》，短视频用户规模增长虽明显放缓，可总体基数庞大。2021 年上半年，短视频作为基础的用户表达和内容消费形式，贡献了移动互联网的主要时长和流量增量，成为互联网的基础应用；短视频与直播、电商相互加成，快手、抖音等平台成为重要的电商阵地。

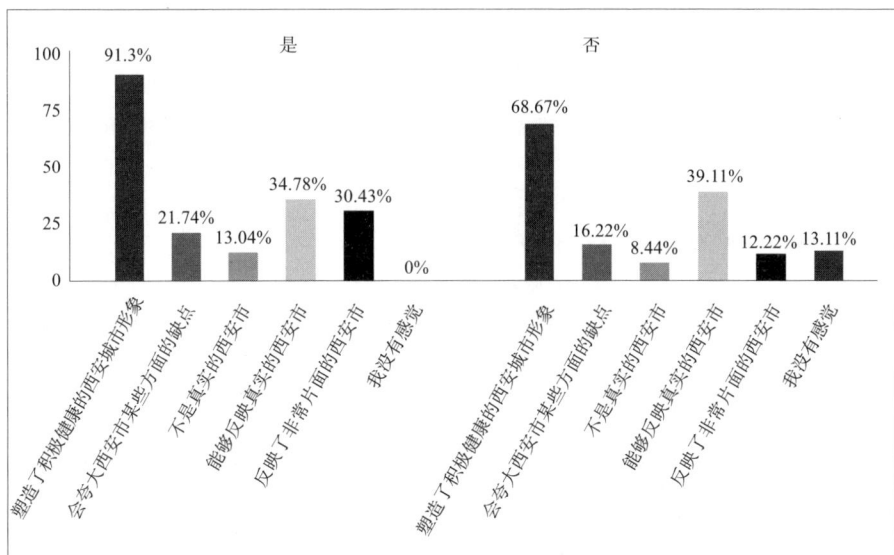

▲ 图 9 （是／否西安本地人眼中）新媒体对于西安城市形象的影响结构比例

互联网不是对现实环境"镜子"式的再现，而是传播媒介通过对象征性事件或信息进行选择和加工、重新加以结构化后向人们展示的环境。信息环境的加工、选择和结构化活动是在一般人看不见的地方（媒介内部）进行的，所以人们往往意识不到这一点，而把"拟态环境"作为客观环境本身看待。所以拟态环境是媒介创造出来的，源于真实但并不完全一致的媒介环境，是一种间接的感知，但往往被受众当作真实环境而采取应对行为，进而对现实环境产生影响。

短视频已经深刻嵌入人们的日常生活中，人们通过刷短视频了解社会环境，并倾向于认为短视频所呈现的就是事物本身。可以从本次问卷调查中看到，市民对于政府对城市形象的短视频宣传呈现非常积极与认可的态度，能够从自身环境出发，感受到西安城市形象的良好发展。

关于外地人"何种方式引起您对西安市的向往"题目中（图 10），50% 的人选择"短视频刷到过西安市，被'种草'"，略高于"听别人讲起西安市好玩，想去"（45.33%）和"书本上读到过，想去"（44.67%）。

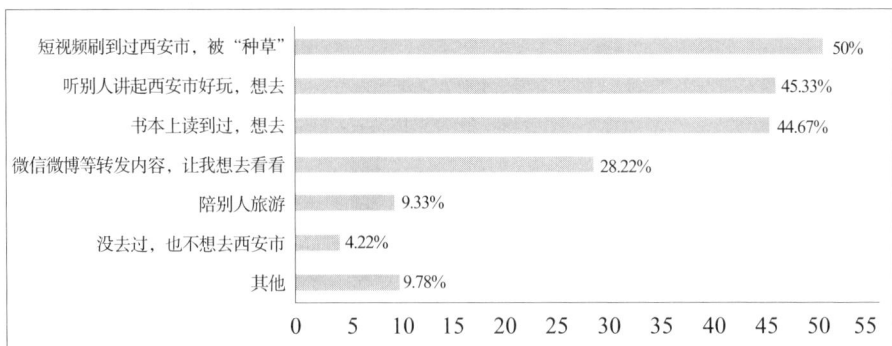

▲ 图 10 "何种方式引起您对西安市的向往"

本次问卷显示抖音、快手等短视频平台具有广泛的传播力，能够极大的引流与打造"网红景观"，但是其口碑影响力与传统的"口口相传"和"书本了解"相比，并没有太多优势。因此除了利用新媒体打造"网红"，优秀的文艺作品与良好的口碑对于一个城市来说，仍是值得关注的形象提升渠道。

（七）新媒体对市民、游客的情感联结

从本问卷调查来看，市民与游客的关注点集中在"城市历史文化"方面，在"哪类西安市相关的视频、文章、博主更容易引起你的关注？"题目中，"美食推荐类"、"游览攻略类"与"历史故事解说类"占据绝大多数，如图 11 所示。

选项中，与旅游直接相关的选项有"美食推荐类"和"游览攻略类"，占据了相当大的比例，值得注意的是其中更具有城市历史情怀的选项"历史故事解说类"，并不是去西安市游览必须了解的内容，却有半数以上（63.64%）的受访者选择了该选项，可见人们接触新媒体时，并非受大数据驱使或漫无目的，而是带有求知的目的与动机，"历史故事"能够加强人们与西安这座城市的联结。

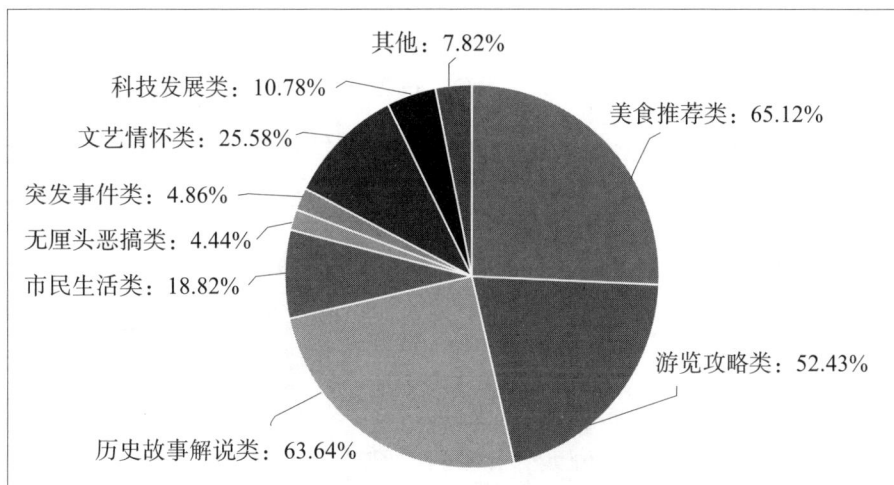

▲ 图 11 "哪类与西安市相关的视频、文章、博主更容易引起你的关注？"作答结构比例

在关于题目"在西安市游玩的目的"的选项中，高达 76.74% 的受访者选择了"欣赏历史文物古迹"，占比远高于"'打卡网红'美食""'打卡'热门景区"，如图 12 所示。可以看出，历史文物古迹仍旧是西安区别于其他城市、吸引游客的最主要因素。另外有相当一部分受访者选择了"想更加了解西安这座城市""满足文艺情怀"，显示出对于通过西安这座城市本身而获得情感满足的期待。

问卷中，对于"您对于到'西安市打卡'的看法？"这一题目，大多数受访者认为"打卡"行为"通过'打卡'可以增长见闻""通过'打卡'可以获得乐趣"，如图 13 所示。可见大多数民众对于"打卡"行为是持比较理性的正面支持，与此相对应的，在"在西安市游玩会选择哪些地方？"的题目中，仅有 14.16% 的受访者选择"专程去看'不倒翁小姐姐'"，且这一比例中，大部分为西安本地人。也就是说，虽然"不倒翁小姐姐"网络爆红，各种宣传铺天盖地，但是会不远万里专程而来的外地游客并不多，相对而言本地人由于不受地缘限制则会专程前往。

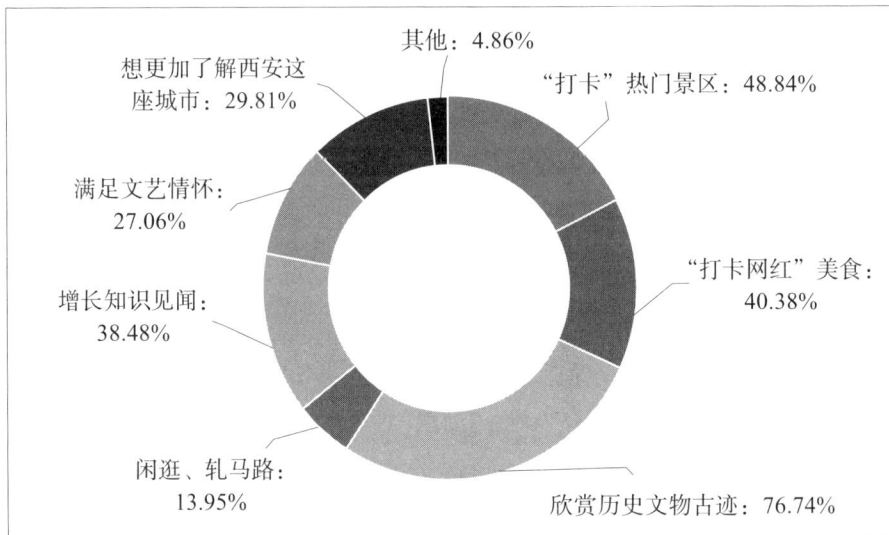

▲ 图 12 "在西安市游玩的目的"作答结构比例

其他：4.86%

想更加了解西安这座城市：29.81%

"打卡"热门景区：48.84%

满足文艺情怀：27.06%

"打卡网红"美食：40.38%

增长知识见闻：38.48%

闲逛、轧马路：13.95%

欣赏历史文物古迹：76.74%

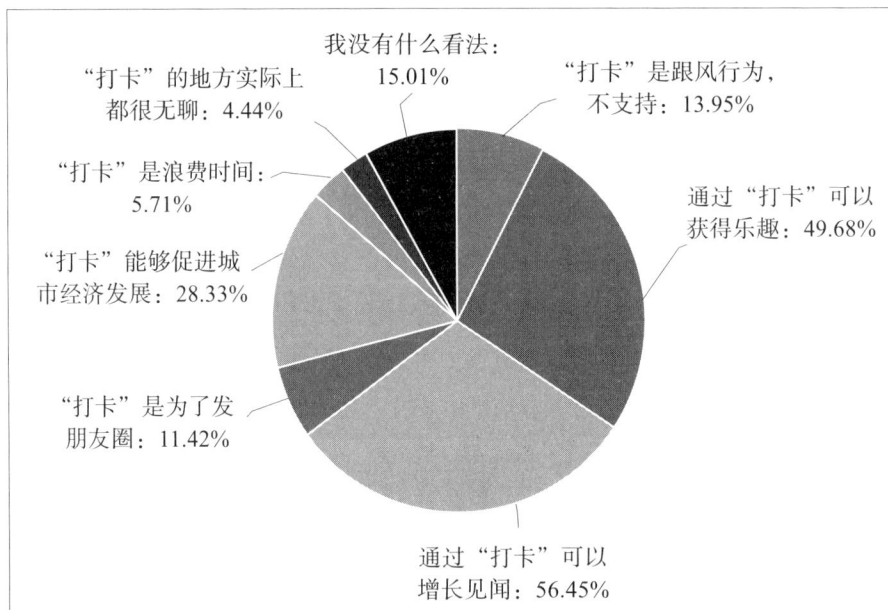

▲ 图 13 "您对于到'西安市打卡'的看法"作答结构比例

我没有什么看法：15.01%

"打卡"的地方实际上都很无聊：4.44%

"打卡"是跟风行为，不支持：13.95%

"打卡"是浪费时间：5.71%

通过"打卡"可以获得乐趣：49.68%

"打卡"能够促进城市经济发展：28.33%

"打卡"是为了发朋友圈：11.42%

通过"打卡"可以增长见闻：56.45%

（八）具体问题总结与思考

从本次问卷调查结果来看，与之前的研究假设基本吻合。可以明确以下几方面的内容及问题。

第一，西安市打造"网红城市"的案例无疑是成功的，从本次调查问卷结果来看，西安市已经摆脱了"贫穷落后的西部城市"这一形象，西安市再也不是从前低调失语的西北边城，而是频频与话语权较强的成都市、武汉市、南京市、杭州市等同时出现的新一线城市。然而民众对于西安市的城市历史文化环境虽然有较为良好的感受，但是并没有深入了解。根据此次问卷调查结果显示，相当大比例的民众对于西安市的城市历史具有强烈的好奇心与情感期待，这也是西安市能够成为"网红"的隐含因素，纵观与西安市相关的各类"网红"，无一不与西安市本身的城市气质及历史环境相关，而互联网正是利用了人们对于西安市历史环境的情感因素进行传播。然而我们对这一点的认识还不够深刻，无论是本地人还是外地人，对西安市历史环境仍停留在需求层面，因此应该利用新媒体，如制作图文漫画、短视频等，一方面继续刺激表层需求，另一方面生产出大量的历史文化知识作品，进行高效的知识传播，为民众的历史环境情感需求提供"接触—满足"，通过不断建构"集体记忆"持续拓展情感需求的层面。

第二，本次问卷调查结果显示，"打卡"行为确实能够促进城市—人的联结情感的建立，通过"打卡"人们进行了时间上的活动调配与物理空间上的"抵达"。中国自古就有"不到长城非好汉"的"打卡目标"，可见所谓的"打卡"行为并非"网红"兴起之后的产物，而是自古以来根植于人们情感之中的追求。并且此次问卷结果显示，民众对于"打卡"行为普遍持有比较客观积极的态度，认为通过"打卡"行为可以"增长见闻"。因此，"打卡"行为对民众来说不仅是物理空间上的"抵达"，更需要的是一种知识与乐趣的获得，民众期待通过"打卡"获得心灵上的"抵达"。故而有"养分"的是"打卡"内容，而非"打卡"本身。

第三，虽然在本地人的心中西安市是"独一无二"的，可是作为旅游"打卡"目的地，却并非不可取代的。本次调查问卷显示，在外地人心中不少"历史名城"如洛阳市、南京市等均与西安市有着相似的气质。那么如何更好地利用自身的历史文化环境就成为城市形象建构的关键点。目前西安市的文旅资源集中在曲江新区，而忽视其他资源，曲江的许多景观也由于仿古而被人诟病其"缺少了灵魂"。根据本次的问卷调查结果，受访者游览的目的更倾向于去了解和体会真正的历史文化，增长知识和见闻，因此，除了宏大的仿古建筑群，游客需要感受到真实的历史环境。

第四，虽然目前"网红效应"对于西安市的整体发展与形象的提升有不小的带动作用，但受访者对于"网红"的认可度仍有待商议。随着一大批网络红人雨后春笋般出现以及传播热度的持续走高，"网红传播"和"网红经济"也被推到风口之上，一边创造出令人惊叹的经济价值，一边冲击着互联网时代的商业逻辑。"网红"的火爆依托于其个人风格的表现，是"快消品文化符号"，每三五年就是一个网民迭代期，"网红"可能只是"各领风骚三五年"，是否会形成"集群"发展态势很难说，能否形成持续的商业价值仍需具体情况具体研究。同时，"网红"走红的基础是特定的粉丝群体，而获取粉丝的根本则是个性鲜明、持续稳定的优质内容。因此，"网红"要红得持久，必须具备既持续稳定又新意迭出的创作能力。此外，不少"网红传播"的内容严重脱离主流价值观。"网红经济"目前仍处于眼球经济阶段，一些"网红"为了增加粉丝数量和黏性，利用不雅、低俗的话语和行为来"搏出位"，与社会风气和主流价值观有明显冲突，受到大部分人的抵制。虽然资本方几年前就开始关注"网红"，但由于其粉丝热情持续时间短、发展面临不确定性等各种因素，对其大规模投资一直有所顾虑。在监管环境趋严的状态下如何适应监管才是"网红经济"当下的课题。"网红"这种新业态才刚刚起步，但它到底能走多久、走多远，除了取决于其内在的发展逻辑外，也取决于其在整个社会精神文化领域的角色定位。从这个角度说，这个商业链条需要一次及时的道德校准和净化，相应的监管机制也亟须建立。对于"网红"而言，要走得长久，离不了持续推出的公众喜闻乐见的内容，而且还要有能力将内容发布渠道升级，进而引领消费习惯。

最后，本次问卷调查的数据显示，虽然新媒体发展势头正盛，但传统媒体、书籍甚至口口相传的影响力同样不容忽视，人们普遍认为传统媒体以及家人朋友推荐的内容更加真实可靠。

四、基于历史环境情感传播的西安城市形象建构对策与建议

（一）以受众需求为本，打造城市 IP

研究显示，人们对于真实的历史环境充满了向往。例如在西安市的历史环境建构中，曾经的"山寨兵马俑"给西安整体形象带来极大的负面影响。

从《威尼斯宪章》开始，保护历史遗产的美学价值和历史价值的"原真性"（authenticity）就已成为重要标准。思考为什么钟鼓楼、大雁塔能始终游人如织，古观音禅寺"李世民手植银杏树"、大唐不夜城"不倒翁小姐姐"能一夜爆红，其背后都是一种美的"原真性"的呈现。利用新媒体进行传播时，需要注意受众的需求指向，传播内容注意保留历史的"原真性"，将真实的西安历史呈现给受众。如网络播放量超 8 亿的大雁塔快闪舞蹈《丽人行》，却是由重庆市文化和旅游发展委员会主办的，以重庆人演绎西安大唐的故事。

西安市作为十三朝古都，经历了 72 任帝王，其中就有令人耳熟能详的秦始皇、武则天、汉武帝等历史名帝，而其中一些人物 IP 早已在各类游戏、电玩中走俏，而真实的历史环境中，这类 IP 往往缺席，因此在建构西安城市形象时应注意与历史大 IP 进行关联，利用短视频、漫画等轻

松愉快的形式进行推送。

（二）多取向发展，建构多层次情感传播

根据本次发放的调查问卷可以看出，除了历史资源，西安市所拥有的科技、教育等方面的资源在新媒体上并没有对外地人形成认知。从"两弹一星"到载人航天，从探月工程到载人深潜，从 C919 大型客机到复兴号国家重大科技成果，无不闪耀着"西安科技"的身影，更得益于西安市持续不断为科技创新注入的不竭动力。然而其中种种却在新媒体中难觅其踪，"陕西自然博物馆""陕西科学技术馆"等科普类场所的宣传力度被其他"网红景点"压制。虽然西安市已经摆脱了"西部落后"的形象，但是在打造科技形象方面仍有所欠缺。"科技 + 古都"可以成为下一个"网红"引爆点。

高校与城市的发展相互依存、相互促进。人们对于校园始终秉持着一种情怀，校园本身有助于建构"集体记忆"，让受众形成情感共振，而西安市高校林立，其中不乏名校。透过本次调查可以看出，在建构西安城市形象中，没有发挥好教育资源形象传播，人们对于西安市的教育优势没有形成情感共鸣。因此应该抓住机遇，利用高校形象建构城市形象，打造教育重阵的城市形象。

西安市被贴上"历史名城"的形象标签，一方面能够带来大量的资源与流量，另一方面却也限制了城市形象的多层次发展，因此需要不断突破自身，持续多角度激发受众情感，革新受众对西安城市的认知，才能使资源合理利用，形成新的突破口与增长点。

（三）多形式开发，建构知识传播路径

本次调查结果显示，受众对于西安市的关注很大一部分是源于对知识的渴求，无论是历史知识、城市文化或是旅行攻略，都能在新媒体上形成正向的扩散涟漪。

在知识付费时代，历史故事相关的短视频、漫画能够很好地引起读者兴趣与网络流量，例如先利用公众号进行传播形成了良好口碑后出版的"半小时漫画中国史""半小时漫画世界史""半小时漫画唐诗"系列，其销量已经超过300万，其漫画的形式深受中小学生的喜爱。因此，除了短视频，更应该丰富历史环境传播的形式，以真实西安故事打动人心，建构情感维系路径。

例如《长安处处有故事：西安地理》这部图书，是陕西交通广播FM91.6出品的关于西安城历史文化的图书，由陕西人民教育出版社和陕西新华出版传媒集团出版发行，节目主持人高大哥以幽默风趣的语言、富有特色的声音陪伴听众度过了许多个上下班的路途，《长安处处有故事：西安地理》一书收集了西安城120个具有标志性的地名，讲述名城的由来、故事的发生。除了书籍自身的口碑传播，新媒体应借助其灵活化的形式，将书本内容进行"短视频化""漫画化"等更符合目前受众喜闻乐见的形式化改编，为受众提供知识服务，让公众能够通过更加多元的渠道去认知和认同西安这座城市。

基于 IP 视角的西安城市形象塑造与传播

王 悦[*]

摘要： 随着文化产业的实践发展，城市 IP 的打造无法脱离视觉识别系统，更无法单纯作为"价值观"宣教而独立存在，城市形象的塑造和传播更加强调高辨识度及高商业开发价值。因此不仅需要在城市空间即"观看的社会性"层面提升西安城市空间的视觉性和识别度，更需要西安城市形象的故事创意与精神表达，实现西安城市文化价值与产业融合创新发展。

关键词： 西安文化 IP；城市形象；城市空间

IP 对于大多数人来说，已然不是一个陌生的概念。由于 IP 具有强大的衍生能力，在同一个 IP 内容主题下，会有不同面貌的知识形态出现。然而城市 IP 的研究仍处于起步阶段。当今城市已然置身于一个全新的传媒生态体系中，网络技术、传播形态、舆论环境等因素在城市文化影响力建设和知名度传播方面发挥着越来越重要的作用。城市形象在这种生态体

---

* 王悦（1990— ），独立制片人，编剧，专注影视项目开发，视觉文化研究者。

系下同样可以被解构，以便拥有更具象的发展脉络，在梳理城市文化资源 IP 体系的同时，反作用于城市形象的塑造及传播。随着技术发展，跨媒介内容运营的模式逐渐展现出优势，作为具有丰富文化禀赋的城市，西安市应该充分掌握与发挥自我的文化资源，在形象建设及传播层面，充分发挥历史名城的文化担当。

一、IP 在城市形象中的作用与开发框架

（一）城市形象的概念

城市形象的概念最早由美国传播学学者凯文·林奇提出，他认为城市形象由道路、边界、区域、节点和标志物 5 个要素构成。随着社会发展，城市形象被赋予更多的文化生活内涵。刘易斯·芒福德说过："城市形象是人们对城市的主观印象，是通过大众传媒、个人经历、人际传播、记忆以及环境等因素的共同作用而形成的。"可见，在传播学及视觉文化的视域下，城市形象更偏向受众的主观解读，具有综合性。一般情况下，城市形象已然跨越了城市建筑、风光等实体，向更深层次的认知心理学方向发展，形成一种存于受众脑海的虚拟形象。不同的媒介拥有不同的内容表达特点，融媒体环境下，多侧面、多角度的传播及塑造，使城市形象更加侧重于受众的主观认识，这是印象整饬的结果。直截了当地说就是当提到一个城市，受众最容易联想到的词语或者概念是什么。

城市形象的塑造与传播是一个大范围的内容，我们经常谈论要提升城市形象，也就是说希望让受众对该城市的印象朝好的方面发展。但是城市形象是一个模糊的概念，如何使之成为一个多维度、多渠道、多视角，并能够落地执行的事情，需要有条理、有步骤地解构。也就是说，在城市形象的提升过程中，必须有一个相对切实可行的思路和执行体系。某种程度上说，城市形象塑造及传播，在学术领域专注于传播学与文化学范围内的

探讨。而随着城市化进程加快，城市的识别度开始变得模糊。如美国学者罗伯特·杰维斯（Robert Jervis）所言："国家形象在国际关系中是一种关键性资源。"当代城市在进行道路、建筑、电力、网络等硬实力打造的同时，更需要着力于文化交流、城市形象、文化影响力等软实力的塑造。软实力的竞争是全球化时代地域之间博弈的新空间。在现今媒介发达、地域间隔小的情况下，每个城市都在打造专属于自己的形象名片，如何在众城市中脱颖而出，成为当下城市形象传播的新挑战，而围绕 IP 视角展开思考，对城市的定位和识别度有更明确的认知。

（二）IP 的概念及开发维度

IP 是英文 Intellectual Property 的缩写，也叫作知识产权。根据《韦氏词典》显示，1769 年被首次使用，指源自思想或智力工作的财产，比如想法、发明或过程，以及与此相关的申请、权利或注册，最初是一个非传播性的概念，多在法律的范围内使用。随着科学技术发展及精神文化生活水平的提高，媒介传播及科学技术更深层次地参与到普通民众的文化生活中。在国内各个领域及行业内，"IP"这个词汇的符号能指在不断地延伸，其表达的重点不再单单是法律领域的"知识产权"，而形成了一个更综合的概念，要义在内容、文本、故事、创意本身，通过跨媒介平台传播与开发，被赋予更丰富的符号、品牌、版权等含义，特指具有长期生命力和商业价值的跨媒介内容运营模式，类似于文化研究领域中"文本"与"互文性"的概念发展。此时，只要是一个具有商业价值和传播价值的内容，都有机会形成 IP 体系。

对于内容生产和文化产业而言，IP 概念并不陌生，以保护知识原创性为目的的 IP 制度，一直是知识型与创意型文化产业健康发展的根基所在。当代流行于文化界的 IP 概念，已被赋予各种更加丰富的内涵，其含义已从法律意义上的知识产权，延伸到了具有故事和情感的文化符号上。有学者以具有广泛粉丝基础和显著商业价值的优质明星 IP 为例，提出了 IP 概念的内涵表现，认为文化 IP 通常是由五项基本要素组成，这些要素之间形成了一种由内向外的同心圆关系，从核心到外围的五大要素依次是价值观、形象、故事、改编以及商业变现。通过对相关文献的研究，笔者认为城市形象背后坐拥的文化资源，从 IP 的视觉表征到内容核心都能够反作用于城市形象，具体方式可以分为视觉表征、城市故事、精神内核三个维度。前期对文化资源的研究深度决定了内容文本的价值，也决定了文本是否能成为真正的常青 IP，因而可以形成高知名度的文化名片，同时也有机会带动文旅产业产生经济效益。

对于城市来说，IP 就是城市的文化资源，开发的第一层维度是表现形式和流行元素，这是 IP 的最表层，是受众最直观感受的层面。比如城市景观、文学、影视作品、旅游景区等。第二层维度是故事，在这座城市里发生的故事，故事的重要性不言自明，好的创意点和媒介本身的特征粘连在一起，形成特有的城市特征。第三层维度也是最核心的一个维度——价值观，抑或是城市文化的精神内核、视觉表征的深层机理。城市景观的变换选择、地域媒介的传播发展、内容开发的好看与否，都有可能无法经历时间的沉淀，成为可被替换的因素。真正有潜能的文化 IP 是包含时代、包含地域特点的价值观和哲学，能长期代表城市形象，而不只是视觉层面的快感，也不是短平快消费后的短暂狂热。简而言之，城市形象和一般符合形象的建构并无太大区别，大都是从表征和意识形态两个层面去思考。

（三）西安市文化 IP 的开发现状

西安，古称长安，是陕西省会、副省级市、关中平原城市群核心城市、陆上丝绸之路的起点城市、"一带一路"核心区、中国西部地区重要的中心城市，国家重要的科研、教育、工业基地。西安市是国务院公布的首批国家历史文化名城，有周、秦、汉、隋、唐等 13 个朝代在此建都，是中国四大古都之一。在联合国教科文组织于 1981 年确定的"世界历史名城"中，西安市是中国建都朝代最多、帝都历史最长的古都，曾作为中国首都和政治、经济、文化中心长达 1000 余年。在以往的城市形象塑造过程中，西安市具有较为清晰的定位，并且也符合受众对西安的预期和认知。因为文化资源的优势，西安"古都"的标签十分显著。

对于城市形象来说，IP 跨媒介有多种表现形式。宏观层面，尤其是文化旅游资源及影视作品等方面的开发，西安市获得了较为优异的成绩，有大唐芙蓉园、大唐不夜城等城市景观，也有《大秦赋》《装台》等能代表西安文化的影视作品。微观层面，城市景观多以短视频、新媒体的形式出现。以最近两年为时间区域划算，西安市成为新晋的"网红城市"，抖音短视频的热度、"不倒翁小姐姐"等符号使西安市成为代表城市形象现代性与古典性融合的典范。但是因为只停留在符号本身，大红大紫的背后缺乏了文化价值的体现。

尽管 IP 概念从根本上没有脱离知识产权的本义，但随着文化产业的实践发展，城市 IP 的打造无法脱离视觉识别系统，更无法单纯作为"价值观"宣教而独立存在，城市形象的塑造和传播更加强调高辨识度及高商业开发价值。通过文化 IP 赋能，可以为城市发展提供新的自我定位和市场定位，塑造具有个性的城市形象。

二、景观符号：西安城市空间的视觉性和识别度

（一）城市"观看"的社会性功能

视觉是一种知觉，是自由认识世界的重要能力。"观看"城市甚至逐渐成为一种经济行为。从概念与意义的层面来讲，城市空间或多或少地会影响人们的社会生活，观看对象与观看主体成为城市文化显现的核心。不可否认的是，视觉存在的本身，或者说人类眼睛的生理构造都是复杂的。在我们用眼睛去塑造文化、承袭习惯的时候，不仅仅是习得的问题，还有

生理上的作用。

从根本上讲，我们刨除各种学科意义上的"观看"，"观看"的整个形成结构包含了生理与社会两种方面。从某种程度上来说，这是马克思对自然人和社会人描述的延伸。首先观看的生理性特指的是人类眼睛的客观存在，"我们对世界的把握在相当程度上依赖于视觉"。眼睛的构造和它观看世界的结构机理是单纯的，是人最自然的行为，作为造化的产物，眼睛是天生用来观看的。事实上，"观"又并非完全单纯，就像人刨除是自然的以外，人的存在也是社会的，人的眼睛的观赏行为也是如此。拉康在阐述婴儿与镜子的关系的时候，反复说到婴儿在六个月以后就能够认识自己、辨认自己，这样的镜像关系对于一般动物来说是一个很复杂也无法达到的社会行为。只是，在这里"观看"的社会性与人的社会性不同，人的社会性是人与人的关系建构，而"观看"的社会性是观看对象与眼睛的关系建构。在这样的关系建构中存在着看似主动的看和看似被动的环境因素。这里用"看似"一词，表明的是一种表征与实际意义的问题。

在公众进行主动观赏的行为的时候，从表征的意义上讲是主动选择看的物体或者事件，而事实上是社会大环境所导致的，从真实的角度来讲这个"看"的行为是被动的，是社会塑造的。城市的视觉形象是城市形象的具体组成部分。比如说，市民或旅游者对大唐芙蓉园观赏的角度，从市民的角度来讲是一个普通的城市景观，但是对于旅游者来讲大唐芙蓉园只有到西安市才能看到，在其他城市是无法复制的，在某种意义上来说我们选择旅游的对象是我们自己主动选择观看，是一个自发行为。但从文化与社会的角度来说，我们也是被动去观赏，因为大唐芙蓉园是西安市的地标建筑。在多种媒体的推动下，我们选择前往观看大唐芙蓉园来体验西安市独一无二的"大唐盛世"。在"看"的过程中，在文化意义上建构新的意识形态——因为西安市的历史地理战略地位，则"大唐盛世"成为西安市的文化标签之一，反过来运用融媒体的特征丰富这一文化事实。从这个意义上讲，"看"的社会性推动了视觉性的文化意义建构。主体的"看"的行为在社会大环境下被编码，视觉图像被解码。

"观看"的社会性是影响视觉文化的重要因素，从某种程度上讲，视觉之所以能够形成文化是因为社会性的存在。因为文化本身这个概念包含了社会性的习得与社会关系习惯的习得，并非完全自然或者原生态，而是一种习以为常的后天习得的思维方式。这是一个视觉文化的时代，人类拥有视觉性的能力并不属于自然范畴，而是社会范畴，也就是说不是通过自然淘汰而产生，而是通过社会文化权利而规范起来的，视觉文化是视觉主体观看社会所表现出社会性的一个重要表征。

（二）西安城市空间的视觉识别和文化认同

城市的标志性建筑与街道等城市景观纵横交错，形成独一无二的城市空间。作为地域文化的重要载体，城市的视觉空间往往更具有延伸性。城市景观在每一个观看者眼中都不尽相同。随着城市发展的进程的加快，城市与城市之间、城市与区域之间、区域与建筑之间都日趋相同。很多时候，我们会觉得国内的任何一个城市都差不多，建筑的外貌都惊人地相似，这种趋同化会导致视觉识别体系的无特点，更严重地说是极其不利于城市在国际上的形象建立。

城市空间对于常住居民来说，更多的是一种日常生活的载体，视觉层面有时候会忽略掉城市本身的唯一性，而对于外来的短期旅游的人来说，城市空间则应该是独一无二的。当然，不论是对内还是对外，城市空间通常都承担了我们对城市形象的视觉识别和城市精神的身份认同。当今世界已经进入前所未有的视觉文化时代，这是一个毫无疑问的事实，同时也意味着"图像""符号""景观"已然成为当今文化发展中的最显著因素和最核心力量，这使人们的日常生活被大量视觉图像所规训与围困，甚至建构了一个以视觉为核心的基本认知体系、社会关系结构和价值运行规范，视觉符号在一定程度上已经成为现代日常生活本身。

相较于一般的二线城市来说，西安市因为其独特的历史文化地位，形成了极具视觉代表性的城市景观，"独特"便成为西安城市形象塑造的切入点，我们在观看西安市的城市景观的时候，因为有大雁塔、大唐芙蓉园、古城墙等城市景观，西安市的城市形象才能被公众定位为"文化历史名城"。但反过来说，多年以来，西安市的城市形象却也被深厚底蕴桎梏，使居民与旅游者产生多种多样的城市印象。总是不自觉地将景点、饭店区别为"是否是本地人去的"，仿佛只有本地人去的地方才是真正的西安市，而旅游者从互联网上得知的西安市都是虚假的。

正如海德格尔所说的那样，"从本质上看来，世界图像并非指一幅关于世界的图像，而是指世界被把握为图像"；英国艺术批评家伯格也曾指出：我们观看事物的方式，受知识与信仰的影响。事实证明，"观看"这一行为本身具有深刻的社会属性，其中蕴含着鲜明的象征意义、复杂的权力关系和特定的价值表征，因而视觉呈现与图像叙事成为现代社会人们的日常生活方式、基本认知图式和固有思维模式。所以，城市景观的设计和展出应该成为一个反复考量的决定，而不是简简单单地将空间打造成所谓的"仿古建筑"。仿形与拟神所打造出的视觉空间千差万别。

大众媒介借助视觉图像隐喻、渗透、传播一定的意识形态或微观权力，这使"看"与"被看"的关系转换为"能指"与"所指"的关系，致使图像成为人们欲望投射的对象及权力运作的场域，进而赋予图像一定的符号价值和视觉权力，并在此过程中实现了权力的置换以及文化资本向经济资本的转换。意识形态和价值观念也正是通过各种各样的视觉图像，对公众进行主体询唤，进而人们可以通过消费视觉符号的方式确立社会身份并建构自我认同。符号本身是没有意义的，其具有内涵与外延属性，只有当符号承载一定的信息和意指时，才能够被人理解。比如"不倒翁小姐姐"就成为西安城市形象的符号表征，但有趣的是，大部分的游客看热闹，而真正对盛唐文化热爱的人却不屑一顾，在文化认同层面产生了强烈的错位。只剩下"网红"后的热闹，并不能为 IP 的意指作用提供借鉴意义。从某种程度上讲，大唐不夜城也并没有形成 IP 闭环，文旅 / 文创产品、影视作品在那个城市空间中是相互独立的，并没有联结起来而产生持续变现的魅力。

法国符号学家罗兰·巴尔特提出的符号适切性原则，即针对某一内在性情境，按照某一观点来描述所搜集到的资料，在这些多种多样的资料中，我们只注意从这个观点看是重要的那些特征，而排除所有其他特征，涉及的是研究对象的意指作用。类似于电影语言中"蒙太奇"的创作手法，经过画框的选择以及画面的组接来赋予影像画面叙事的功能和意识形态的表达。假设将明媚的阳光和孩子的笑脸剪辑在一起，那阳光就被赋予了新的含义，类似于文学创作手法中的"借景抒情"，视觉符号就变得不再简单。而如何使抽象化的文化概念实现更有效的传播，需要充分利用符号学中的适切性原则，从多方面对 IP 进行系统化的意象诠释。过于片面或者不加研究就选定代表的景观，多少就显得没有"文化"，或者说将没有足够含义的符号强制性地表达，也会让人索然无味。例如，成都市将大熊猫作为城市具有代表性的 IP 塑造，从城市 logo、商业品牌、雕塑艺术、旅游开发等方面，通过占据符号形象、强化符号标识，有效地将熊猫符号代表的可爱、憨厚植入全球价值观中，成功地将熊猫塑造成诠释城市文化的形象名片。

三、文化意识形态：IP 建构西安城市形象的商业性与现代性

（一）故事创意驱动西安城市形象的商业化

在泛娱乐时代背景下，强势的 IP 能够凭借其内容优势贯穿于各个文化细分领域。其本身的主题性特质会对受众产生吸引，成为吸引流量的重

要原因。IP 的塑造，并非简单通过人为设想和媒体资源向受众传达一个新生事物，对于其表现形式、文化内涵、符号延展等方面应具备横向和纵向的衡量。西安这座城市与"古城、盛世长安、兵马俑、大唐不夜城"等词语紧密联系，通过与历史长河中的那些朝代相呼应，形成独特的属于西安市的标志性的文化现象。这种地域与历史之间的联系，在一定程度上促进了文化的繁荣，增强了人们对城市形象的认知，但其影响范围是极其有限的。以色列作家尤瓦尔·赫拉利在研究人类发展史时提到，之所以人类能够形成大规模的互相合作和社会秩序，与"虚构故事"的力量是分不开的，即想象建构与真实世界的结合。这与 IP 的塑造、与城市形象及文化之间的"传承发展"异曲同工。因此，应在地域空间联系的基础之上，进一步通过 IP 的塑造，"联想"出更丰富的意指形态，能够使受众从中获取更多的信息和更高的艺术享受。

对于城市形象来讲，城市首先塑造形，而更重要的是传播魂，如果形与魂散了，那么城市形象也会大幅度削弱。所以从塑造和传播的角度双向考量，也需要深入挖掘城市的内核，这在文化研究的领域里，是一种意识形态的表层表现。

在语言学的角度来讲，"表征"的范围很好界定，相较于视觉性的物质，语言表征是如此通俗易懂。而对于视觉表征来讲，图像本体就是一种表征。视觉性的因素锁定与预判了视觉文化的基本含义，文字不再是阐释文化的主导，形象与影像成为主导。电影、电视等媒介的出现预示着印刷文化被视觉文化所取代，这个预言并非近几年才出现，在 20 世纪初期，巴拉兹就笃定以电影为代表的一种新的文化形态将取代印刷文化。图像或者说影像成为比语言更重要的阐释文化的表征。从建构的角度来看，视觉的表征是一种实践文化的最佳表达，图像成为生产意义的机器，我们可以通过对表征的把握来捕捉隐藏较深的意识形态。城市形象的进化与发展遵循的不是生物逻辑而是文化逻辑，在逻辑层面内容的变化和人们观看方式的变化息息相关。对于一个城市的文化 IP 来说，其商业价值的实现则是在供给端，需要更加紧密地将西安文化创新融入供给侧结构性改革的进程中，使文化要素成为西安市文化产业提质升级的内生力量。只有有了内生力量，伴随着设计的美感才能带给需求端情感共鸣，满足新一轮的消费升级。

事实上，看似简单的视觉图像或者视觉行为包含了复杂的文化意味和意识形态内容。意识形态从广义上来说是一种观念，它以复杂的姿态盘根在视觉表征之中，"意识形态在生产的过程中，这种局部的、特定的意识形态往往披上人类社会的普遍性的面纱"，用来反映特定群体的价值观念，以一种看似"自然而然"的姿态来劝说人们顺从。相较于"不倒翁小姐姐"的"网红"符号，电视剧《装台》的故事能力明显更胜一筹，西安市井生活的展现与普通人的故事所能产生的 IP 影响则更为深远。正如自媒体评论说的那样，"看了《装台》的外地朋友非要来西安吃肉夹馍"，这使得《装台》成为名副其实的旅游推广剧。所以高质量的故事往往会给城市形象表现更多的释能空间。

当然通俗化的表达更容易被受众接受。随着技术的快速发展，"PGC+UGC"内容创作模式已经成为各类短视频平台的基础模式，而 UGC 内容创作所占到的比重也在持续增加。据《2018 抖音研究报告》，纯素人在抖音头部内容发布者中占比 49.1%，足以说明 UGC 创作模式的重要性。在城市形象塑造的过程中，或者说在创作城市故事的过程中，也应更注重文化 IP 的引流作用。国家文化科技创新服务联盟文化 IP 专项委员会主任高歌认为："当我们的文化创意团队，对 IP 进行了提取，编导进行创意，第一时间就可以和业态团队探讨及时落地，也可以第一时间和商业运行团队得知投资和产出比，并且和产业策划的上位、战略和品牌包装一一呼应，最后视觉团队和空间进行了无缝连接，使我们的场景不再是没有温度的，而是注入了那么多人文的故事。"倘若想让"不倒翁小姐姐"产生更深层次的影响，那势必需要赋予皮卡晨更具共情性的故事，而不是简简单单地叙述她是一个努力的文艺工作者。根据媒介的不同特征及受众群体，展现同一个 IP 的不同侧面，例如纪录片《如果国宝会说话》的热播，西安半坡博物馆收藏的红陶人头壶与秦始皇帝陵博物院收藏的跪射俑再次进入大众视野，西安用故事和文化连接着世界遗产与百姓生活。倘若一个视觉符号的背后拥有了城市历史文化的支撑，那么 IP 引流效应将逐渐显现。这种由点到面的思维模式为我们揭示 IP 多维度变化提供了新的思路：只有将城市故事讲述得扣人心弦、动人共情，那么内容才有可能做到全产业链的开发，散发源源不断的生机和活力。

（二）精神内核塑造西安城市的当代表达

芒福德在其著作《城市文化》中提出："城市是文化的容器，专门用来储存并传承人类文明的成果。"城市精神是在城市中生活的人们所拥有的情怀的一种承载。这种情怀是城市文化创造的参与者触手可及的亲切和认同。城市文化建设要关注在城市生活的群体，尤其是年轻群体。如今人们已意识到城市文化是以人为本的文化聚合，城市的参与者更加注重城市中生活的人们之间、城市与人们之间的情感交流，使城市生活环境更人性化，更充满乡土气息和归属感。

2017 年，陕西省文化产业增加值突破 900 亿元，西安市文化产业增加值占全省总量的 60% 以上。2017 年西安接待国内外游客 1.8 亿人次左右，旅游市场收入规模比五年前翻了一番。相比外来游客激活的消费市场，西安本地居民文化消费水平还有待提高。事实上，西安市拥有多达六处名胜古迹荣登联合国教科文组织遗产名录，西安鼓乐、中国剪纸、中国皮影戏三个项目列入联合国教科文组织人类非物质文化遗产名录，但是这些非物质文化遗产对公众来说却只是名录里的条目，不论是社群营销还是文化市场的开发都没有展现出文化 IP 的优势。在这个层面，应该更注重挖掘 IP 的内核，即价值观展现。从意识形态核心的层面来说，一个精彩的故事又恰恰不够了，真正影响城市形象塑造的 IP 是包含了受众能够共情和认同的价值观的。

值得关注的是，西安市要真正表达自我精神，在当代焕发其光彩和活力，应该避免文化资源成为文化的负担。西安市是"天然的历史博物馆"，这个美称不应该被浪费，也更不应该成为现今西安市发展的桎梏，千年积淀起来的文化遗产不仅仅是西安文化价值的代表，更是中华民族的代表。那种博大精深使得每一个符号都有值得被挖掘和研究的价值，这些是古都文化的王气所在。但同时，这种文化遗产应该在当代展现得更为凝练，抛弃投机的心态，去了解适应不同媒介的特性，将 IP 的价值和内容进行更现代的表达，将传统与当代群众生活紧密联系在一起，让"西安精神"不仅仅成为一个口号。

一个城市因为地域和历史拥有了自己特有的文化标签，这些标签不仅仅是一种符号，符号背后更蕴含了一种文化价值和社会价值，值得反复解读。社会价值和文化价值的实现，要以满足人们对美好生活的向往为目标，从政府层面的政策支持到专家学者的顶层设计，从西安当地居民的文化自豪到西安文化跨区域和跨国别的普适性传播，都能够彰显和提升西安市独特的文化气质。在融媒体和视觉文化的语境下做到 IP 产业的开发，以内容为核心，充分挖掘、打造具有西安特色的文化创意产业链，这个产业链的核心和驱动力恰恰是能打动民众的精神内核，是一种平民现实主义的烟火气息。

结语

习近平总书记在党的十九大报告中指出："文化是一个国家、一个民族的灵魂。文化兴国运兴，文化强民族强。没有高度的文化自信，没有文化的繁荣兴盛，就没有中华民族伟大复兴。"而城市作为一个拥有无限容量的特大容器，包罗万象，历经数千年的积累，拥有深厚的文化积淀，如何挖掘这些资源，并高度浓缩出具有代表性和典型意义的 IP，这个思考对于展现中国城市形象具有极大的意义。

西安市的文化资源数量庞大，支线众多。IP 的塑造是一项综合性、长期性的活动，因此需要筛选出最能代表城市形象的 IP，在城市地标、旅游景点、媒体推介等方面进行多维度的开发，强化外界对城市形象的认知。而最重要的是，要坚持不懈地去挖掘、寻找释放西安本身文化 IP 的能量，在城市文化生活的背后去寻找真正能引发受众情感共鸣的内容。这个内容可能是一种价值观，也可能是一种情绪，但是如果没有对本土文化内核进行深入探究，城市就缺失了安身立命的本领。

应将这些宝贵的文化遗产通过习近平总书记所说的"创造性转化和创新性发展"，与人们的生命、生活、思维、习惯、风俗等融为一体，将城市的 IP 资源平民化铺开，推动西安市的历史文化真正走进公众生活中，使当代西安市呈现出博大精深、开放包容、创新型、超越式的活生生的城市文明；让城市的访问者（游客）、居住者（居民）、管理者（管理人员、专业人士）等成为城市的代言人，重新打造一座市民们主动参与、自愿传承和弘扬的，一座既古老又生生不息的、连接过去十二个世纪的，但却属于 21 世纪的国际性大都市。

文化符号视域下西安城市形象
传播困境及路径转向
——以"长安十二时辰"主题街区为例

崔保峰，刘洁*

摘要： 文化符号已经成为城市形象打造与营销传播的重要竞争领域之一。"长安十二时辰"主题街区作为唐风市井的文化符号火爆西安市乃至全国。聚焦"长安十二时辰"主题街区，分析其在构建城市形象传播中所面临的缺乏官媒支持、原有符号含义被解构、传播方式新意不足等困境，试图利用符号的构成机制及内部关系，有助于从符号占据、文化外延、符号转换等方面创新思路，为西安城市形象传播提供新的路径。

关键词： 城市传播；文化符号；"长安十二时辰"主题街区

每一座城市，在其发展与建设过程中，都会形成一些属于城市自身的

* 崔保峰，西北政法大学新闻传播学院工程师，博士研究生，研究方向为文化安全；刘洁，西北政法大学新闻传播学院新闻与传播专业硕士研究生，研究方向为城市形象传播。

鲜明个性特征，而这些独特的个性特征，往往又表现了城市的文化特征。因此，能够表现城市内涵的事物，就成为城市的标志性文化符号，即城市符号。简单地讲，城市符号就是指能够代表该城市文化特征的、具有传承价值的、给人以深刻印象并且让人引以为豪的标志性的事物。举例来说，北京天安门、西安钟鼓楼、桂林山水、洛阳牡丹花、成都火锅等，都是不同层面的城市文化符号，它们是城市发展的名片，是城市精神与城市文化的载体。

一、城市文化符号是城市形象的核心要素

（一）城市形象与文化符号

"城市形象一般是指城市给予人们的综合印象与整体文化感受，是历史与文化的凝聚构成的符号性说明，是城市各种要素整合后的一种文化特质，是城市传统、现存物质与现代文明的总和特征。"[1] 简单来说，城市形象是人们在一定条件下对一个城市的内在特点与丰富内涵所决定的外在表现的总体印象和评价。因此，一个城市的形象处于不断的更迭之中，有城市管理者注意到，城市形象属于一座城市的无形资产，这张文化名片可以转化为文化资本，从而提升城市的知名度和竞争力。

所有城市都需要有安居乐业、环境优美、交通便利等基本社会功能。在满足这些基本城市功能的前提下，城市形象应强调差异性，避免千篇一律。因此，城市的定位尤为重要。城市定位是城市形象创造和传播的起点，决定了城市形象的内涵深度，引领了城市形象的发展方向。做好城市定位，需要深入挖掘城市的历史文化资源，把城市丰富的历史文化遗存和文化记忆与城市的现代物质文明发展水平和精神文明状态融合起来，提炼

---

[1] 张鸿雁. 城市形象与城市文化资本论：中外城市形象比较的社会学研究［M］. 南京：东南大学出版社，2004.

出最能代表城市的识别性文化符号。

在城市形象的构建中，城市文化符号作为城市形象的核心要素，其选择非常重要，城市形象的定位需要走可持续发展的道路，不能以偏概全，要体现多元化。因此，城市文化符号的选择，应遵循两个原则：一是代表性原则。城市文化符号是城市形象的外在显现，一定要选择最能代表城市形象的符号。二是个性化原则。一些城市的某类文化符号虽然具有代表性，但可能会与其他城市的文化符号雷同，如果再将之作为强文化符号，则不能凸显个性，传播效果将会大打折扣。因此，城市文化符号的选择，要注重与城市所在的地域特点相结合，体现出城市独一无二的特点。

（二）城市形象中文化符号的提取

人们生活在符号化了的城市世界里，商场、店铺、建筑物、交通系统等都是构筑城市形象的符号系统，这些符号是可延续性的，而媒介内容对城市文化符号和空间价值的传承与延续，是对其形象的最全面解读和诠释。

城市是一个可以被消费和审美的对象，其承载的各种文化符号，如陕西历史博物馆、钟鼓楼、大雁塔、兵马俑等共同组成了城市形象的综合体。从这个意义上讲，对于城市形象的解读是生成符号并解码符号的变动过程，这无形中构成了人们的精神环境，人们愿意相信媒介中呈现的城市形象是对城市本身的逼真还原。

（三）符号学视域下"长安十二时辰"主题街区的研究

"传播关系涉及的是分享信息符号。"[1] 传播是符号的传播，在城市形象研究领域，符号学往往用来研究当城市中的元素符号化后所蕴含的意义。符号学视域下的"长安十二时辰"主题街区并不仅仅只是仿唐建筑的一个街区，而是被赋予影视剧中在这个场景下所发生的具体故事。

---

[1] 施拉姆，波特.传播学概论［M］.陈亮，周立方，李启，译.北京：新华出版社，1984.

1. 占据符号"表征"功能

城市的文化符号是历史发展长河中逐渐形成的共识，也是城市形象的主要表征手段，因此，互联网时代对于城市形象的传播更需要注重其文化符号体系的建构。例如"长安十二时辰"主题街区作为全国首个沉浸式唐风市井生活街区，深度还原大唐盛世，本质上也是一种城市文化的符号化表达，在"长安十二时辰"主题街区，游客既可以穿上唐服、化上唐妆，也可以吃到唐食、看到唐文化演艺。在网络发达的今天，西安市正是利用具有代表性的唐文化，通过行为艺术、制造话题、社交传播等方式，不断复现"长安十二时辰"主题街区与电视剧《长安十二时辰》之间的联系，使其具备符号化的表征功能，成为西安文化的载体，使冰冷的文化符号具备温度，焕发新的活力。

2. "长安十二时辰"主题街区的人物形象塑造

符号具有内涵与外延属性，其本身是没有意义的，只有当符号承载一定的信息和意旨时，才能够被人理解。"长安十二时辰"主题街区内的表演者正是对城市文化的符号化呈现，其表演者形象的塑造主要通过服饰、装饰、行为艺术三种方式。首先，服饰作为一种非语言符号，已经超越了使用意义本身，其造型、图案代表的是一个地区的文化背景。"长安十二时辰"主题街区内的表演者特别选择了具有典型唐朝风格的服饰，形成特指西安的文化符号，将唐文化的内涵外延化，形成对民族文化的热爱和认同感。其次，其头饰、古风扇子等饰品更是对唐文化的细节再现，这些饰品既是服饰的一部分，也是"符号"的表达，其本身意义已经超越了服饰的概念，包含着历史、人文、宗教、文化等传统习俗。最后，行为艺术是在特定的环境下，通过人的身体表达个人思想的艺术，它与舞蹈艺术有极为相似的地方，都是通过肢体表达情感，关注点都是人本身。[①] 在"长安十二时辰"主题街区，可以感受市井杂技艺术

① 巴尔特.符号学原理 [M].李幼蒸，译.北京：中国人民大学出版社，2008：74-75.

和其他街头艺术表演的魅力。演员们专业的表演、高超的技艺以及丰富的节目内容给受众以美的艺术享受，这种行为艺术与舞蹈的融合，将传统文化与现代艺术相结合，形成新的符号语言，更易被受众接受和理解。

3. 短视频：符号解释的通俗化表达

碎片化阅读时代，晦涩的符号语言需要快速被受众接受，兼具视觉、听觉元素的短视频便成为通俗化表达的最佳手段。随着技术的快速发展，"PGC+UGC"内容创作模式已经成为各类短视频平台的基础模式，其中，UGC内容创作所占到的比重在持续增加。"长安十二时辰"主题街区通过大量短视频平台用户即时拍摄上传到网络，迅速火爆网络，作为城市历史文化的符号载体，IP引流效应逐渐显现，短视频对于城市形象塑造的作用逐渐显现。

二、西安城市形象符号传播困境

（一）传播缺乏官媒支撑

城市形象的构建、塑造和传播必须由政府进行宏观设计，城市形象的定义、热点的制造与推动离不开政府的作用。官方和官媒对当地城市形象的塑造具有十分重要的号召力、凝聚力和感染力。"长安十二时辰"主题街区宣传片制作完成后，也离不开政府的全媒体投放。以"长安十二时辰"作为关键词在陕西日报、陕西广播电视台公众号及微博号上进行检索发现，并未有对于该景点的详细介绍以及大量宣传。"长安十二时辰"主题街区作为建构城市形象的载体之一，其知名度对于城市的发展及城际竞争都至关重要，理应摆在城市宣传的重要位置，使信息和符号得到有效推广。

（二）原有符号含义被解构

正如任何事物都有自己的名字，在面对公众时，名字就起到符号的作用，具备指代功能。人类社会的典型特征就是符号互动，当对话中出现一个名字时，对方会根据名字在脑海中提取原本所储备的相对应信息。

罗兰·巴尔特认为，符号实现意义的表达需要经过三个层面，拍摄实物本身构成了第一层面，人为地附加情感价值使其内涵有了文化意义则为第二层面，最后一个层面是主观上的意义互通，建立在符号使用者与受众的互动基础上。[①]"长安十二时辰"主题街区以热门电视剧《长安十二时辰》和唐风市井文化为内容，深度还原电视剧的场景、食材以及热门人物等。但对于未看过该电视剧或者不了解唐朝文化的游客来说，街区内主题人物、场景的搭建等只是增加他们的视觉享受，达不到意义的共通。符号表征及寓意就发生了转变，原有的符号含义被解构。有游客讲道："我没有看过《长安十二时辰》电视剧，前去游玩只是看大家都去拍照'打卡'了，我也想前去拍一些好看的照片，这其实只是一种'打卡'，就像我到了北京去和天安门合影一样。"

（三）传播方式新意不足

在媒介即讯息的时代，媒介已从单一的载体变为内容的一部分。新媒体的发展为城市形象传播带来了机遇，也带来了挑战，受众的参与是符号生产的重要一环，投放完成后，还应注重受众的接收环节，形成一个完整的传播系统。在对"长安十二时辰"主题街区的宣传中，传播方式仅停留在视觉宣传，以视频的形式对街区内的场景进行拍摄，缺乏新意。在宣传的过程中，缺少对视频中所呈现出的符号进行有效的解说。游客对于街区内部分符号的能指、所指不够了解，则不能形成一个有效的传播系统。

---

① 王旻彦.符号学视域下广州城市形象宣传片的传播策略分析［J］.视听，2020
（2）：212-213.

三、西安城市形象符号传播的提升策略

城市文化符号是城市品牌塑造过程中的最基本元素，没有独具特色、魅力四射的代表性城市符号，塑造城市形象就只能等同于一句苍白无力的口号，城市的总体形象战略也就等于无源之水、无本之木。因此，各个城市在进行城市形象塑造时，首先要着力打造一批特色鲜明的城市文化符号。①

（一）强化政府主体地位，推动官媒传播

城市作为一个拥有无限容量的特大容器，包罗万象，历经数千年的积累，拥有深厚的文化积淀，如何挖掘这些资源，并浓缩出具有代表性和典型意义的文化符号，政府扮演的角色无法替代，官方媒体起着重要的推动作用。一方面，打造城市文化符号是一项综合性、长期性的活动，需要政府集中资源，在城市地标、旅游景点的宣传与推广等方面给予持续性支持，并加强西安本地主流媒体对于城市形象的宣传，强化外界对西安城市符号的认知。另一方面，需要政府调动社会各类产业发挥优势，调整和升级文化产业，积极投入城市文化宣传推广。因此，政府的政策性支持和官方媒体的宣传在城市形象传播中占有举足轻重的地位。

（二）促进抽象符号与具象符号结合，丰富城市内涵

抽象符号是在公众所能触及、感知、观测到的具体现象的基础上，经过分析与综合的思维途径，运用某一概念浓缩出的形象符号，其最大的优势就是通过对其解读可以将更大规模的陌生人群体联系到一起，形成整体认知，固化符号释义。例如瓷器，具象层面它是可以触及的具备使用功能

---

① 刘新鑫. 城市形象塑造中文化符号的运用［J］. 当代传播，2011（3）：130-131.

的容器，但其抽象含义可以代表中国悠久的历史传统，甚至代表国家的称谓。而作为可感知到的具象符号，也具有十分重要的作用，它是城市形象传播的根基，没有这些具象的符号作为支撑，相当于"长安十二时辰"主题街区没有建筑和摆设，只有一个空壳子。因此，抽象符号与具象符号的结合，形成绝大多数人的共同认知。这是丰富城市内涵的必经之路，也是塑造城市形象的必由之路。

（三）扩大传播矩阵，创新传播方式

符号的转换本质上是传播的创新和表达方式的转换，在新一代 5G 互联网技术和媒介融合速度加快的环境下，城市形象的传播也进入转型升级期，亟须从固有的传播方式中跳脱出来，以寻求更新、更好的呈现形式。让"长安十二时辰"主题街区"破壁出圈"，需要丰富传播矩阵，打造多元、深入、独特的传播方式。如创办视频比赛，并在全国高校征集投稿。以"长安十二时辰"主题街区为拍摄背景，拍摄故事短片，投放新媒体平台，以点赞量作为评审依据，给予优秀创作者丰厚奖励；邀请微博、抖音、快手、小红书等社交平台知名博主前来"打卡"；创新"长安十二时辰"主题街区内的服务模式，将"网红"感与历史感相结合，便于年轻女性群体拍照宣传；将"长安十二时辰"主题街区内的场景和人物形象动漫化并推出宣传片，用更年轻、更具活力的形象吸引观众；拍摄"长安十二时辰"主题街区系列故事短片，以剧情的形式为演员打造具体的人设，使其形象立体化，投放到社交媒体平台，助力其破圈、出圈；推出联名手办、联名贴纸等。

结语

随着现代互联网技术的发展，城市文化符号运用与城市形象传播之间的关系将变得越来越紧密。城市文化符号在帮助城市树立更好的城市形象

的同时，也能够实现差异化发展，避免在城市空间转化过程中带来的发展同质化问题。同时，城市文化与城市形象之间的关系是相辅相成的，别具风格的城市形象又能够从侧面起到引流作用，吸引更多的人前来旅游、投资，带动城市的繁荣和发展。

图书在版编目（CIP）数据

西安媒介生态发展研究报告.2021 /张楠，王洋主编.—北京：中国国际广播出版社，2022.11

ISBN 978-7-5078-5239-4

Ⅰ.①西… Ⅱ.①张… ②王… Ⅲ.①传播媒介－研究报告－西安－2021 Ⅳ.①G219.274.11

中国版本图书馆CIP数据核字（2022）第197972号

西安媒介生态发展研究报告（2021）

主　　编	张　楠　王　洋
责任编辑	屈明飞
校　　对	张　娜
版式设计	陈学兰
封面设计	赵冰波

出版发行	中国国际广播出版社有限公司［010-89508207（传真）］
社　　址	北京市丰台区榴乡路88号石榴中心2号楼1701
	邮编：100079
印　　刷	天津市新科印刷有限公司

开　　本	710×1000　1/16
字　　数	210千字
印　　张	15
版　　次	2022 年 12 月 北京第一版
印　　次	2022 年 12 月 第一次印刷
定　　价	56.00 元